Annerose Sieck

DAS LANDFRAUEN Vorratsbuch

Köstliche Rezepte zum Einmachen,
Einlegen und Dörren

GONDROM

Redaktion und Producing: twinbooks, München
(Susanne Rieder, Claudia Gründig)
Covergestaltung: HildenDesign, München
Umschlagfotos: Kumicak/Mauritius Images;
Isabelle Rozenbaum/PhotoAlto;
lab 2000/München; Eigenarchiv HildenDesign

016

ISBN 3-8112-2611-8

5 4 3 2 1

Inhalt

Vorwort

Natürlich und appetitlich sollen unsere Lebensmittel aussehen, zudem gut schmecken und das möglichst lange. Deshalb beschäftigen Menschen sich schon seit Urzeiten damit, diese haltbar zu machen und sie etwa vor Bakterien, Sporen und Schimmelpilzen zu schützen. Selbst unsere Vorfahren aus der Steinzeit nutzten das Feuer, um Speisen zu trocknen und damit zu konservieren. Man weiß, dass bereits die Ägypter verschiedenste Nahrungsmittel einlegten, und auch die Römer, die aus allen Teilen ihres großen Imperiums Lebensmittel bezogen, taten dies.

Angesichts von BSE und anderen Lebensmittelskandalen lässt sich im Rückblick auf die letzten Jahre jedoch eine Trendwende feststellen: Immer mehr Verbraucher möchten sich wieder gesund ernähren und kaufen bewusst ein. Sie bevorzugen Produkte, die in der Region wachsen, oder kaufen Nahrungsmittel von Bio-Erzeugern. Doch nicht nur das Misstrauen gegenüber der Flut an Fertigprodukten mit all ihren Zusatzstoffen lässt gesundheitsbewusste Hobbyköche wieder stärker an die Herstellung hausgemachter Vorräte denken. Viel mehr noch dominieren die Lust an der Zubereitung eigener Produkte nach altbewährten Verfahren und die Möglichkeit, nach eigenen Vorstellungen erlesene Delikatessen kreieren zu können. Diese eignen sich zudem hervorragend als Mitbringsel.

Die beste Zeit, Vorräte anzulegen, sind die Monate Mai bis Oktober. Gerade im Sommer gibt es Obst und Gemüse in Hülle und Fülle. Aromatische Erdbeeren, süße Aprikosen und fruchtige Himbeeren – jetzt sind die sonnengereiften Früchte so richtig zum Anbeißen. Im Winter bleibt uns meist nichts anderes übrig, als wesentlich tiefer in den Geldbeutel zu greifen oder Konserven zu kaufen. Wer jedoch das ganze Jahr über auf heimische Lebensmittel zurückgreifen möchte, für den bietet die Konservierung in der eigenen Küche die Möglichkeit, den Speiseplan auch in den kalten Monaten abwechslungsreich und vor allem gesund und schmackhaft zu gestalten.

Wer Kartoffeln, Äpfel, Birnen und Wurzelgemüse im Keller oder in einer Erdmiete einlagern kann, hat die optimale Konservierungsmöglichkeit mit den geringsten Wertverlusten. Nur, wo gibt es heute noch gute Lagerkeller? Frischwaren lassen sich jedoch auf vielfältige Art haltbar machen. Wie, das erfahren Sie auf den folgenden Seiten.

Köstliche Vorräte

Einige von Ihnen haben vielleicht noch das Bild einer eifrig einkochenden Großmutter vor sich, die Berge von Obst und Gemüse in Weckgläser schichtete und Früchte zu Konfitüre oder Gelee verarbeitete. Noch vor 20 Jahren standen in vielen Haushalten so genannte Sterilisierapparate zum Einkochen. Als jedoch Tiefkühltruhen aufkamen, geriet diese Tradition in Vergessenheit. Doch nun haben auch jüngere Leute wieder Spaß daran, Obst und Gemüse haltbar zu machen – für den Eigenverbrauch, als ein kulinarisches Geschenk oder einfach, weil's besser schmeckt.

Einkochen und Einwecken

Eine der populärsten Konservierungsmethoden ist das Einkochen oder Einwecken. Der Begriff »Einwecken« stammt vom badischen Johann Weck aus Öflingen. Er erfand die Methode, mit der Lebensmittel im verschlossenen Glas erhitzt werden. Dabei entsteht im Gefäß ein leichter Überdruck, der die Luft entweichen lässt. Der Deckel, mit einer Gummidichtung versehen, saugt sich beim Abkühlen fest und das Einmachgut wird auf diese Weise haltbar. Beim Einkochen unterscheidet man – je nach Temperatur – zwei Methoden: Sterilisieren und Pasteurisieren.

Sterilisieren

Für das Sterilisieren sind Temperaturen über 100 Grad notwendig, um Mikroorganismen abzutöten. Durch das luftdichte Verschließen der Gläser können die Lebensmittel über mehrere Jahre gelagert werden. Dafür sollten Sie das Obst und das Gemüse so vorbereiten, wie Sie es später genießen möchten. Härteres Obst, wie Birnen, sollte vor dem Einkochen in einer Zuckerlösung halb weich gedünstet werden. Dann bis fast an den Glasrand einfüllen und mit Wasser (Gemüse mit Salzwasser) übergießen.

Die verschlossenen »Schätze« sollten Sie nun für längere Zeit in kochendes Wasser stellen: 10 Minuten in den Schnellkochtopf, etwa eine halbe Stunde in spezielle Einmachbehälter, bis zu 2 Stunden im Backofen. Wie lange erhitzt werden muss, ist auch vom Inhalt abhängig. Gemüse benötigt mehr Zeit und eventuell noch einen zweiten Durchgang. Diese eher herkömmliche Methode bietet sich an, wenn Sie große Lebensmittelmengen konservieren möchten, sie ist aber relativ arbeitsaufwändig.

Pasteurisieren oder Heißeinfüllung

Beim Pasteurisieren um 100 Grad werden zwar alle Krankheitserreger abgetötet, hitzebeständige Mikroorganismen jedoch nicht. Deshalb ist die Zugabe von Zucker notwendig. Das Verfahren – im Vergleich zum Sterilisieren schonender, da die Lebensmitteleigenschaften nur wenig beeinträchtigt werden – eignet sich zum kurzfristigen Haltbarmachen.

Das gängige Verfahren verwendet man beim Kochen von Marmeladen und Konfitüren. Die Mischung wird heiß in ausgespülte Gläser gefüllt. Diese sollten sofort verschlossen und auf den Kopf gestellt werden. Danach müssen sie abkühlen. Die Heiß-Einfüll-Methode von eingekochtem Obst und Gemüse eignet sich für kleine Mengen Obst, für Apfelmus und Fruchtaufstriche. Sie ist auch ideal für Chutneys, Relishes und Soßen. Zucker ist nicht unbedingt notwendig, verlängert allerdings die Haltbarkeit.

Diese Technik verlangt wenig Arbeitsaufwand und keine speziellen Küchengeräte. Gleichgültig, woher Obst und Gemüse stammen – ob aus dem eigenen Garten, vom Selbstpflücker-Feld oder vom Markt –, sie müssen einwandfrei sein. Überreife oder angestoßene Früchte oder beschädigtes Gemüse eignen sich nicht zur Weiterverarbeitung.

Das richtige Zubehör

Um Obst und Gemüse vorzubereiten, benötigen Sie Schüsseln, Siebe, eine Waage, Messer und Schneidebretter. Kochtöpfe sollten möglichst aus Edelstahl oder Emaille bestehen, denn Aluminium kann den Geschmack beeinträchtigen, da Fruchtsäure das Metall angreift. Die Töpfe sollten ausreichend groß und hoch sein, da sie nur bis zur Hälfte gefüllt werden (vor allem beim Kochen von Konfitüren und Marmeladen ist darauf zu achten). Zum Umrühren eignet sich ein Holzlöffel, zum Umfüllen des Eingemachten am besten ein Schöpflöffel.

Praktische Helfer beim Einmachen sind so genannte Twist-off-Gläser mit einem Schraubverschluss aus Metall. Verwenden Sie möglichst kleine Gläser, damit das Eingemachte relativ schnell verbraucht werden kann. Am besten eignen sich Gläser mit 200 oder 375 Milliliter Füllmenge für Marmeladen, 750-Milliliter-Gläser für Obst und Gemüse. Wichtig ist, dass die Deckel dicht schließen. Das lässt sich schnell überprüfen: Füllen Sie ein Glas mit Wasser, schrauben Sie den Deckel zu und drehen Sie es herum. Nach dem Einkochen sollten die Gläser möglichst auf dem Kopf stehend abkühlen.

Zum Einmachen geeignet sind auch Einweckgläser mit Gummiring oder zusätzlich mit Feststellklammern. Ob alles korrekt verschlossen ist, kontrolliert man am besten so: Nach dem Erkalten nur den Deckel greifen (Klammern vorher entfernen) und das Glas anheben. Der Deckel sollte dabei fest verschlossen bleiben.

Damit das Einmachen zu einem Erfolg wird, sind Sauberkeit und Hygiene wichtig. Das heißt: Gläser und Deckel müssen heiß gespült werden und auf einem frischen Tuch abtropfen. Kurz vor Gebrauch sollte man am besten noch einmal die Gläser, Deckel, Einmachringe mit kochendem Wasser übergießen und darin bis zu ihrem Einsatz stehen lassen.

Der richtige Zucker

Wer Marmelade und Gelee selbst kochen möchte, der hat beim Zucker die Qual der Wahl. Angeboten wird im Handel unter anderem Einmachzucker. Die großen Kristalle des Einmachzuckers lösen sich nur langsam auf. So kann sich das Fruchtaroma entwickeln, und außerdem schäumt die Marmelade nicht auf und kocht nicht so leicht über. Allein mit Einmachzucker können Sie aber noch keine Marmelade kochen, es sei denn, Sie kochen den Fruchtbrei stundenlang, bis die von Natur aus in den Früchten enthaltenen Pektine schließlich gelieren.

Im Gelierzucker sind im Gegensatz zum Einmachzucker die Pektine bereits mit der richtigen Mischung Zitronensäure enthalten. Zitronensäure ist nötig, um die Marmelade zusätzlich zu konservieren. Mit Gelierzucker brauchen Sie Gelee und Marmelade nur kurz aufzukochen – das erhält Farbe und Aroma der Früchte.

Wenn Sie Zucker und damit Kalorien sparen wollen, greifen Sie zu Gelierzucker im Verhältnis 2 : 1 oder 3 : 1. Die Zucker sparenden Geliermittel enthalten allerdings Konservierungsstoffe. Diese sind zwar gesundheitlich völlig unbedenklich, aber trotzdem nicht jedermanns Sache.

Erntefrisches Obst und Gemüse

Spargel im November oder Salatgurken im Februar – heute sind wir es gewöhnt, das ganze Jahr hindurch mit frischem Obst und Gemüse versorgt zu werden. Dabei werden die Nahrungsmittel nicht selten um die halbe Welt bis zu uns nach Mitteleuropa transportiert. Aber am besten genießt man Obst und Gemüse erntefrisch. Wann die einzelnen Obst- und Gemüsesorten ihre Hauptsaison haben, zeigt die folgende Tabelle.

Obst	**Hauptsaison**
Äpfel	August, September, Oktober
Aprikosen	Juli, August
Birnen	August, September, Oktober
Erdbeeren	Juni, Juli
Heidelbeeren	Juli, August
Himbeeren	Juli, August
Johannisbeeren	Juli, August
Kirschen (süß)	Juni, Juli, August
Kirschen (sauer)	Juli, August
Mirabellen	Juli, August
Pfirsiche	Juli, August, September
Pflaumen	Juli, August, September
Zwetschgen	Juli, August, September

Quitten	September, Oktober, November
Rhabarber	Mai, Juni
Stachelbeeren	Juni, Juli

Gemüse	**Hauptsaison**
Auberginen	August, September
Blumenkohl	Juni, Juli, August, September, Oktober
Brokkoli	Juni, Juli, August, September, Oktober
Chinakohl	August, September, Oktober, November
Dicke Bohnen	Juni, Juli, August
Erbsen	Juni, Juli
Fenchel	September, Oktober
Grünkohl	November, Dezember, Januar, Februar
Kartoffeln	Juni, Juli, August, September, Oktober
Kohlrabi	Mai, Juni, Juli, August, September, Oktober
Kürbis	August, September, Oktober
Mangold	Juni, Juli, August, September
Möhren	Juni, Juli, August, September, Oktober
Porree	Juni, Juli, August, September, Oktober, November
Rosenkohl	Oktober, November, Dezember, Januar
Rote Bete	September, Oktober, November
Rotkohl	September, Oktober, November
Schwarzwurzeln	Oktober, November, Dezember, Januar
Sellerie	September, Oktober, November
Spargel	April, Mai, Juni
Spinat	März, April, Mai, September, Oktober
Stangenbohnen	Juni, Juli, August, September
Steckrüben	Oktober, November, Dezember, Januar
Tomaten	Juni, Juli, August, September, Oktober
Weißkohl	September, Oktober, November
Wirsing	September, Oktober, November
Zucchini	Juli, August, September, Oktober
Zwiebeln	Juni, Juli, August, September, Oktober

Einlegen in Alkohol

Saisonale Überangebote an Obst lassen sich auf vielfältige Weise verarbeiten. So verhindert Hochprozentiges das Wachstum von Mikroorganismen beziehungsweise tötet sie ab. Die eingelegten Früchte halten auf diese Weise einige Monate. Zerkleinerte oder ganze Früchte werden am besten in Rum, Kognak oder Wodka eingelegt. Damit das Obst weder zu gären beginnt noch zu hart wird, sollte die Alkoholkonzentration 14 bis 20 Volumenprozent betragen. Die Früchte müssen 1 bis 3 Monate ziehen.

Das eingelegte Obst hält sich ein Jahr, Zuckerzusatz wirkt zusätzlich konservierend. Zwetschgen, Pflaumen und Mirabellen sind geradezu ideal zum Einlegen in Alkohol geeignet. Schichten Sie das gewaschene Obst in Schraubgläser und streuen Sie üppig Zucker darüber. Danach mit Schnaps (Obstler, Zwetschgenwasser) übergießen und mindestens 6 Wochen stehen lassen.

Nach wie vor besonders beliebt ist der traditionsreiche Rumtopf. Auch hier wurde aus der Not eine Tugend, denn der gut abgelagerte aromatische Rumtopf ist viel mehr als nur eine Sammlung gemischter Früchte. Er hat seinen eigenen, unnachahmlichen Duft und seinen unvergleichlichen Wohlgeschmack, in dem sich die Aromen des Sommers harmonisch vereinen. Man nimmt dafür alle Früchte, die vom Frühjahr bis zum Herbst reifen und legt Sie nacheinander in einem Steinguttopf mit Deckel ein.

In Essig einlegen (Säuern)

In Essig einzulegen ist keine Erfindung der Neuzeit, sondern neben dem Trocknen, Räuchern und Salzen eine der ältesten Konservierungsmethoden überhaupt. Noch im vorigen Jahrhundert waren sauer oder süßsauer eingelegte Spezialitäten äußerst geschätzt, wie ein Blick in alte Kochbücher zeigt.

In Essig oder in einer Essig-Zucker-Lösung lassen sich Gemüse wie Blumenkohl, Gurken, Zwiebeln, Bohnen, Kürbis oder Rote Bete und vieles mehr haltbar machen. Da Essig im geschmacklich erträglichen Säurebereich von 0,5 bis 3 Prozent Säure keine ausreichende konservierende Wirkung hat, sollten zusätzliche Methoden wie Zuckern, Salzen, Einkochen oder das zweimalige Übergießen mit kochend heißem Sud zum Einsatz kommen.

In Essig eingelegte Lebensmittel halten sich – je nach Essigkonzentration – in der Regel 3 bis 12 Monate. Wird das Gemüse roh eingelegt, sollte es zuvor gesalzen werden und einige Stunden ziehen, damit das Wasser austreten kann. Die Wirkung des Essigs entfaltet sich dann umso besser. Verwenden Sie zum Konservieren mit Essig auf keinen Fall Geschirr aus Aluminium, Kupfer oder Messing. Denn durch die Essigsäure kann das Geschirr angegriffen oder das Einkochgut mit Schwermetallen versetzt werden.

In Öl einlegen oder mit Fett haltbar machen

Einfach und wirklich unkompliziert ist das Konservieren in Öl. Spezielle Arbeitsgeräte sind nicht nötig – bei diesem Verfahren werden die Zutaten lediglich mit Speiseöl übergossen. Das Öl schließt sie luftdicht ein und verhindert das Wachstum von Mikroorganismen, die vom Sauerstoff abhängig sind.

Schon die alten Griechen machten Oliven und Käse in Öl haltbar. Die Methode hat sich in allen Mittelmeerländern bis heute erhalten. Aber auch Fleisch, Geflügel und Fisch lassen sich konservieren, indem man zerlassenes Fett darüber gießt. Dies ist sehr gut geeignet für Pasteten oder Confits. Derart Eingelegtes hält sich mehrere Monate.

Duftende Kräuter und Gewürze aromatisieren nicht nur die eingelegten Zutaten, sondern geben auch dem Öl Geschmack. Deshalb sollten Sie es nicht wegschütten, wenn die konservierten Lebensmittel verbraucht sind, sondern zum Würzen von Salat, Gemüse oder anderen Gerichten verwenden.

Lassen Sie Eingelegtes vor dem Verzehr einige Tage in einem kühlen dunklen Raum durchziehen, damit sich die Aromen voll entwickeln können. Zum Einlegen von Lebensmitteln eignet sich jedes gute Öl. Für Gemüserezepte aus dem Mittelmeerraum und für herzhaften Käse empfiehlt sich kaltgepresstes Olivenöl.

Trocknen und Dörren

Das Trocknen ist eines der ältesten Verfahren zum Haltbarmachen von Lebensmitteln überhaupt. Der Wasserverlust beim Trocknungsvorgang hemmt die Stoffwechselaktivität von Mikroorganismen, tötet sie allerdings nicht ab. Getrocknete Produkte müssen deshalb auch trocken gelagert werden, denn sobald sie feucht werden, nehmen die Mikroorganismen ihre Aktivität wieder auf, und die Lebensmittel verderben. Für die Trocknung eignen sich vor allem Obst, Gemüse, Kräuter und Pilze. Da das Lufttrocknen vor allem bei Obst und Gemüse überaus langwierig ist, kann im Backofen etwas nachgeholfen werden. Spezielle Dörrapparate lohnen sich nur, wenn regelmäßig größere Mengen getrocknet werden.

Beim Lufttrocknen werden Früchte oder Fruchtscheiben auf ein mit Mull bespanntes Gitter gelegt, Pilze oder Kräutersträußchen auf festen Zwirn gefädelt. In einem gut belüfteten Raum trocknen die Lebensmittel bei einer Luftfeuchte von unter 75 Prozent und rund 30 Grad etwa 4 bis

5 Tage. Dabei ist ein dunkler Ort am besten, denn im Sonnenlicht gehen viele Vitamine verloren. Besonders gut geeignet ist ein warmer trockener Speicher. In der Küche sollte nicht getrocknet werden, da hier die Luftfeuchtigkeit zu hoch ist.

Beim Trocknen im Backofen legt man die Lebensmittel auf ein Gitter. Der Backofen wird auf 50 Grad eingestellt und die Ofentür einen Spalt offen gelassen, damit die Feuchtigkeit abziehen kann. Je nach Volumen dauert der Trocknungsvorgang 6 bis 18 Stunden.

Einsalzen und Pökeln

Die konservierende Wirkung des Salzes ist spätestens seit dem frühen Ägypten bekannt und wird in den unterschiedlichsten Produktbereichen bis auf den heutigen Tag genutzt. Dabei schützt das Kochsalz die Lebensmittel insbesondere vor dem mikrobiellen Verderb. Die konservierende Wirkung des Salzes beruht auf seiner Fähigkeit, dem Lebensmittel Wasser zu entziehen. Eingesalzen werden neben Fleisch vor allem Seefische wie Kabeljau und Hering (daher der Begriff »Salzhering«).

Da es nicht möglich ist, ein Lebensmittel ausschließlich durch den Zusatz von Kochsalz sicher vor jeglichem Befall zu schützen, werden kombinierte Verfahren mit sich gegenseitig ergänzenden Konservierungsprinzipien angewandt: Im Falle der Milchsäuregärung nutzt man die Kombination aus Salz und Säure, beim Pökeln setzt man dagegen auf die Kombination aus Salz und Nitrit. Hier kommt das so genannte Nitritpökelsalz zum Einsatz. Das Nitrit verhindert die Entwicklung des streng anaeroben Botulismusbazillus, der zu einer Fleischvergiftung führen kann.

Pökeln ist eine sehr alte Konservierungsmethode, die ursprünglich zum Konservieren von Fisch und im Laufe der Zeit auch für Fleisch angewandt wurde. Demzufolge versteht man heute unter dem Begriff Pökeln das Einlegen beziehungsweise Behandeln von Fleisch mit speziellem Pökelsalz. Man unterscheidet folgende Verfahren:

- **Trockenpökeln:** Die Fleischstücke werden mit Pökelsalz eingerieben. Nach etwa 4 bis 8 Wochen ist das Fleisch relativ trocken und lange haltbar.

- **Nasspökeln:** Das Fleisch wird mit einer Salzlake aus in Wasser gelöstem Pökelsalz übergossen. Nach 3 bis 4 Wochen erhält man ein relativ saftiges Stück Pökelfleisch, das aber nicht so lange haltbar ist.

- **Schnellpökeln:** Dies ist eine zweite Form des Nasspökelns. Hierbei wird die Salzlake mit einer speziellen Spritze direkt in die Muskeln und in die Adern des Fleischteils gespritzt. Nach 2 bis 3 Wochen ist der Schnellpökelvorgang beendet.

Zuckern und Kandieren

Die Konservierungswirkung des Zuckers beruht auf seiner Fähigkeit, das im Lebensmittel frei verfügbare Wasser zu binden. Dieses steht damit den Verderbnis erregenden Mikroorganismen nicht mehr zur Verfügung – ihnen fehlt das Lebenselixier. Zucker spielt bei vielen Methoden eine bedeutende Rolle. Das Einkochen von Obst, etwa zu Konfitüre, funktioniert ohne Zucker überhaupt nicht. Ganzes Obst lässt sich haltbar machen, indem man es mit einer Zuckerlösung übergießt. Doch auch Essig-Früchte, die in einem Sud aus einer gezuckerten Essiglösung liegen, halten einige Monate.

Eine besondere Form des Zuckerns ist das Kandieren. Früchte mit Zucker haltbar zu machen war schon in den alten Hochkulturen in China und im Vorderen Orient bekannt. Man legte die Früchte in Honig und Palmsirup ein. Über die alten Handelswege gelangten diese Kanditen später bis nach Rom, wo sie zu Festlichkeiten gereicht wurden.

Vor dem eigentlichen Kandieren werden die Früchte je nach Art gesäubert, entstielt, geschält, entkernt und in Stücke geschnitten. Das vorbereitete Obst wird dann in eine Zuckerlösung gelegt. Die Zuckerlösung hat eine höhere Zuckerkonzentration als die Zellflüssigkeit der Früchte. Beide Flüssigkeiten haben das Bestreben, die Zuckerkonzentration auszugleichen. Der Konzentrationsausgleich des Zuckers zwischen Zellflüssigkeit und Umgebungsflüssigkeit wird Osmose genannt. Der osmotische Austausch des Zellwassers wird – je nach Fruchtsorte – durch vorheriges Blanchieren oder allseitiges Einstechen erleichtert.

Wenn der Zucker von kandierten Früchten auskristallisiert, werden sie steinhart. Um das zu verhindern, muss die Süße relativ langsam in die Früchte eindringen. Daher sollten sie zunächst mit einer schwach konzentrierten Zuckerlösung begossen werden. Nach etwa einem Tag erhöhen Sie die Zuckerkonzentration. Diesen Vorgang wiederholen Sie so lange, bis der Zuckeranteil der Früchte zwischen 60 und 75 Prozent liegt. Der extrem hohe Zuckeranteil macht Kanditen zu einem fast unbegrenzt haltbaren Erzeugnis.

Die Dauer des Kandiervorgangs ist von der Dicke und von der Größe der Früchte abhängig. Eine ganze Birne benötigt durchschnittlich 10 bis 12

Tage, bis sie vollständig vom Zucker durchzogen ist. Zum Kandieren eignen sich auch einige Blütenarten. Bekannt und beliebt sind kandierte Kirschen, Ananas, Pflaumen, Ingwerpflaumen, Erdbeeren, Mandarinen, Scheiben von Zitronen und Orangen, Stücke von Melonen, Birnen oder Veilchen.

Räuchern

Neben dem Trocknen und Salzen gehört das Räuchern zu den ältesten Methoden der Lebensmittelkonservierung. Heutzutage wird fast ausschließlich in voll klimatisierten, elektronisch gesteuerten Räucherautomaten geräuchert. Man unterscheidet hierbei die Kalträucherung bei Temperaturen von 15 bis 25 Grad und die Heißräucherung bei 80 bis 100 Grad, die in den modernen Anlagen heute nur wenige Stunden dauert. Das Kalträuchern wendet man bei Waren an, die länger haltbar gemacht werden sollen, beispielsweise bei Schinken, Speck, Dauerwurst, Räucherlachs oder Hering. Für das Kalträuchern benötigen Sie einen Räucherschrank oder eine Räucherkammer. Heiß geräuchert werden Lebensmittel, die am besten frisch verzehrt werden, etwa Heringe, Räucheraal oder Brühwurst. Übrigens: Einen kalt geräucherten Hering nennt man Lachshering, warm geräucherte Heringe werden als Bückling bezeichnet.

Der Rauch wird durch Verschwelen von zerkleinerten Harthölzern (Buche oder Eiche) erzeugt und entsteht durch unvollständige Holzverbrennung. Die Beimischung von Wacholderbeeren, Tannen- oder Kiefernzapfen dient vornehmlich der Geschmacksgebung. Seltener werden Fichten- oder Kieferspäne zum Räuchern verwendet. Durch Räuchern mit Holzrauch werden Lebensmittel an der Oberfläche ausgetrocknet. Der Rauch hat eine Bakterien tötende beziehungsweise hemmende Wirkung. Die im Rauch enthaltenen Phenole, Kerosole, Formaldehyd oder Essigsäure lassen das Eiweiß der Räucherware gerinnen und wirken so konservierend.

Heute räuchert man viele Lebensmittel weniger der Konservierung wegen. Im Vordergrund steht eindeutig der erlesene Geschmack. Heißräuchern funktioniert auch ohne Räucherofen, etwa im Wok oder auf einem Grill. Die so geräucherten Fische halten sich allerdings nur einige Tage.

Tiefgefrieren

Tiefgefrieren ist in unserer technisierten Welt die beliebteste Art, Nahrungsmittel haltbar zu machen. Einfrieren kann man fast alles, von Obst und Gemüse über Fisch und Fleisch bis hin zu Milchprodukten. In der

Gefriertruhe gedeihen höchstens noch besonders hartgesottene Mikroorganismen. Kälte und Wassermangel senken die mikrobielle Belastung auf ein Minimum. Für das Tiefgefrieren benötigen Sie eine Gefriertruhe oder einen Gefrierschrank, denn nur bei Temperaturen unterhalb von –18 Grad ist ein unbedenkliches Einfrieren von Lebensmitteln möglich. Gefrierfächer in Kühlschränken eignen sich dagegen nur zur Lagerung von tiefgefrorenen Waren.

Beim Tiefgefrieren werden die Vitamine vergleichsweise gut erhalten. So liegt die monatliche Abbaurate von Vitamin C in tiefgefrorenem Obst bei durchschnittlich 3 Prozent. Roh eingefrorenes Gemüse verliert dagegen jeden Monat etwa 17 Prozent seines Vitamin-C-Gehaltes. Schuld daran sind pflanzeneigene Enzyme, die trotz der niedrigen Temperaturen aktiv bleiben. Länger haltbar ist Gemüse, das vor dem Einfrieren blanchiert, also 1 bis 2 Minuten in kochendem Wasser gegart wurde.

Dazu bringt man ungesalzenes Wasser zum Kochen (das Gemüse muss frei schwimmen können) und gibt das Gemüse portionsweise hinein. Zartes Gemüse sollte 2 Minuten, festeres wie Möhren etwa 3 bis 4 Minuten sprudelnd kochen. Nehmen Sie das Gemüse heraus, lassen Sie es sofort in eiskaltem Wasser abkühlen. Danach sollte das Gemüse abtropfen und gut trockengetupft werden, bevor es verpackt und eingefroren wird.

Wichtig beim Tiefkühlen ist die Verpackung. Sie soll vor Oxidation, vor dem Eindringen von Mikroben, vor dem Austrocknen und vor der Übertragung von Geruchs- und Geschmacksstoffen schützen. Geeignete Verpackungen sind Tiefkühlbeutel, Klarsichtfolien, Aluminiumfolie und Kunststoffbehälter. Die Ware sollte nach Möglichkeit luftdicht verpackt werden. Luft trocknet das Gefriergut nämlich aus. Bei tiefgefrorenem Fleisch, Fisch, Geflügel und Gemüse kann es infolge beschädigter oder unzureichender Verpackung zur Verdunstung von Zellflüssigkeit und damit zum gefürchteten Gefrierbrand kommen. Dabei bilden sich an der Oberfläche weiße oder braunrötliche Flecken. Die Ware verändert den Geschmack und wird trocken. Weitere Ursachen für Gefrierbrand sind zu warme Lagerung, Temperaturschwankungen oder Überlagerung.

Auch eingefroren bleiben Lebensmittel nicht ewig frisch, bei –18 Grad halten sich:

Brot und Eis:	2 Monate
Fisch, Fleisch, Hackfleisch:	3 Monate
Butter und Geflügel:	6 Monate
Obst:	8 Monate
blanchiertes Gemüse:	10 Monate

Für manches eignet sich der Gefrierschrank überhaupt nicht als Vorratslager: Eier, Weichkäse (im Gegensatz zu Hartkäse, der sich gut einfrieren lässt), Joghurt und geräucherter Wurst bekommt die Kälte nicht.

Konfitüren, Marmeladen und Gelees

Marmelade ist nicht gleich Marmelade

Eine Konsequenz des geeinten Europa ist die an Großbritannien angepasste Bestimmung, dass Marmeladen allein aus Zitrusfrüchten bestehen dürfen. Produkte aus einheimischen Früchten heißen Konfitüren. Für Konfitüren mit Fruchtstücken lässt man die vorbereiteten Früchte mit Gelierzucker vermischt 3 bis 4 Stunden ziehen. Für feine Konfitüren zerdrückt oder püriert man die Früchte, mischt sie mit Zucker in einem großen Topf. Gelees werden aus dem Saft einer oder mehrerer Fruchtsorten hergestellt, wobei der Saft auf unterschiedliche Weise gewonnen werden kann.

Darauf sollten Sie achten:

- Bei der Verarbeitung der Früchte und bei den Einmachgeräten ist höchste Sauberkeit wichtig.
- Während des Kochvorgangs ständig mit einem Rührlöffel umrühren, damit die Masse nicht anbrennt. Bei Bedarf den Schaum abnehmen.
- Vor dem Abfüllen in die Gläser Gelierfähigkeit prüfen (siehe Seite 20).
- Konfitüren, Marmeladen oder Gelees mit einer Schöpfkelle randvoll in die heiß ausgespülten Gläser füllen. Gläser fest verschließen und umgedreht etwa 5 Minuten auf dem Deckel stehen lassen.
- Gläser an einem dunklen und kühlen Ort lagern, dann halten sie sich 12 Monate oder länger. Angebrochene Gläser kühl aufbewahren.
- Hochprozentiges immer erst am Ende der Kochzeit hinzugeben. Essen Kinder mit, ersetzt man den Alkohol durch Saft.

Apfelkonfitüre mit Rumrosinen

Wer aus eigenem Garten viele Äpfel erntet, kann mit dieser selbst gemachten Winterkonfitüre sich selbst, Freunden und Familienmitgliedern eine große Freude machen.

(für 4–5 Gläser à 200 ml)

100 g Rosinen

100 ml Rum

1 kg säuerliche Äpfel

Saft und Schale von 1 unbehandelten Zitrone

3/8 l Apfelsaft

1 kg Gelierzucker

1. Rosinen in eine kleine Schüssel füllen, mit Rum begießen und 30 Minuten ziehen lassen (besser über Nacht).

2. Äpfel schälen, vierteln, entkernen und in kleine Stücke schneiden. In einem Topf mit Zitronensaft, -schale und dem Apfelsaft mischen. Langsam aufkochen und 10 Minuten unter Rühren köcheln lassen.

3. Gelierzucker und Rosinen samt Rum einrühren und weitere 10 Minuten kochen. Konfitüre in Gläser füllen und diese fest verschließen.

Mein Tipp:

Klassische Erdbeerkonfitüre

Es gibt wohl kaum etwas Köstlicheres als selbst gemachte Erdbeerkonfitüre. An Wintertagen eine herrliche Erinnerung an den Sommer.

(für 5 Gläser à 200 ml)

- **1 kg frische Erdbeeren**
- **1 Päckchen Zitronensäure**
- **½ kg Gelierzucker 2 : 1**

1. Erdbeeren waschen, im Sieb abtropfen lassen, entstielen und in kleine Stücke schneiden.

2. Erdbeeren, Zitronensäure und Zucker in einem großen Topf gut mischen. Unter Rühren zum Kochen bringen und 5 Minuten unter Rühren sprudelnd köcheln lassen. Eventuell abschäumen. In Gläser füllen.

Mein Tipp:

Adventskonfitüre

Die richtige Konfitüre für die Vorweihnachtszeit. Allerdings ist sie wegen des Alkohols nichts für Kinder, es sei denn, man ersetzt den Wein durch Orangensaft.

(für 3–4 Gläser à 200 ml)

- **300 ml Rotwein**
- **100 ml Orangensaft (frisch gepresst)**
- **2 Gewürznelken**
- **½ TL Zimt**
- **½ kg Gelierzucker 2 : 1**
- **2 EL Mandelblättchen**
- **2 EL Rosinen**
- **600 g säuerliche Äpfel (etwa Boskop)**

1. Rotwein in einen großen Topf geben und alle Zutaten außer den Äpfeln einrühren, am besten über Nacht ziehen lassen.

2. Äpfel schälen, entkernen und in kleine Würfel schneiden. 500 Gramm abwiegen, in das durchgezogene Rotwein-Gewürz-Gemisch geben und zum Kochen bringen. 5 Minuten unter Rühren sprudelnd kochen lassen, Schaum abschöpfen, Konfitüre in Gläser füllen und diese fest verschließen.

Das Aroma wird kräftiger, wenn man die Mandelblättchen vorher kurz in einer Pfanne ohne Fett anröstet.

Mein Tipp:

Erdbeer-Rhabarber-Konfitüre

(für 5 Gläser à 200 ml)

- **600 g Erdbeeren**
- **400 g Rhabarber**
- **Saft und abgeriebene Schale von 1 unbehandelten Limette**
- **1 kg Gelierzucker 1 : 1**

1. Erdbeeren und Rhabarber waschen und putzen. Rhabarber eventuell schälen. Erdbeeren und Rhabarber in kleine Stücke schneiden und mit Limettensaft, Limettenschale und Zucker in einem großen Topf mischen.

2. Unter Rühren zum Kochen bringen und 5 Minuten unter Rühren sprudelnd kochen lassen, eventuell abschäumen. Konfitüre in Gläser füllen.

Erdbeer-Rhabarber-Konfitüre schmeckt besonders gut, wenn man etwas Vanillearoma oder Zimt zugibt.

Mein Tipp:

Erdbeer-Aprikosen-Konfitüre

Aprikosen, die der Legende nach Alexander der Große in die westliche Welt gebracht hat, sind sehr gute Betakarotin-Lieferanten.

(für 5 Gläser à 200 ml)

- **½ kg Erdbeeren**
- **½ kg Aprikosen**
- **1 Päckchen Zitronensäure**
- **½ kg Gelierzucker 2 : 1**

1. Erdbeeren waschen, im Sieb abtropfen lassen, entstielen und fein schneiden. Aprikosen waschen, halbieren, entsteinen und klein schneiden.

2. Das vorbereitete Obst mit Zitronensäure und Zucker in einem großen Topf mischen. Unter Rühren zum Kochen bringen. 5 Minuten unter Rühren sprudelnd kochen lassen. Eventuell abschäumen und Konfitüre in Gläser füllen.

Mein Tipp:

Birnen-Amaretto-Konfitüre

Reife Birnen haben einen angenehmen Duft und das Fruchtfleisch gibt auf Druck leicht nach. Essen Kinder mit, kann man Amaretto durch zusätzlichen Apfelsaft ersetzen.

(für 3–4 Gläser à 200 ml)

- **850 g Birnen**
- **100 ml Zitronensaft**
- **1 Päckchen Zitronensäure**
- **300 ml klarer ungesüßter Apfelsaft**
- **½ kg Gelierzucker 2 : 1**
- **2–3 EL Amaretto**

1. Birnen schälen, vierteln, entkernen, klein schneiden und in einen großen Topf geben. Zitronensaft, Zitronensäure, Apfelsaft und Zucker unterrühren.

2. Unter Rühren zum Kochen bringen und 5 Minuten unter Rühren sprudelnd kochen lassen. Amaretto hinzufügen. Konfitüre in Gläser füllen.

Bevor Sie die Konfitüre in die Gläser füllen, prüfen Sie die Gelierfähigkeit. Dafür 1 bis 2 Teelöffel der heißen Fruchtmasse auf einen gekühlten Teller geben. Wird die Gelierprobe dicklich beziehungsweise fest, so bekommt auch der Rest der Konfitüre genügend Festigkeit in den Gläsern. Wünschen Sie eine stärkere Festigkeit, rühren Sie ein Päckchen Zitronensäure unter die heiße Fruchtmasse und machen noch eine zweite Gelierprobe, bevor Sie die Konfitüre einfüllen.

Mein Tipp:

Apfelgelee mit Rosinen

(für 6 Gläser à 200 ml)

- 2½ kg Äpfel
- 2 Zimtstangen
- 50 g Rosinen
- 4 EL Calvados
- Saft von 2 Zitronen
- 1 kg Gelierzucker

Äpfel, Rosinen und Zimt gehören einfach zusammen. Am besten schmecken säuerliche Äpfel, beispielsweise Boskop oder Jonagold. Wer es süßer mag, kann Elstar verwenden.

1. 2 Äpfel beiseite legen, die übrigen waschen und mit Schale und Kerngehäuse klein schneiden. Knapp mit Wasser bedeckt zusammen mit den Zimtstangen in einen großen Topf geben und etwa 20 Minuten köcheln lassen.

2. In der Zwischenzeit Rosinen in Calvados einweichen. Den Apfel-Fruchtbrei auf ein Mulltuch geben, über Nacht in eine Schüssel abtropfen lassen. Anschließend 1 Liter Saft abmessen, in einen großen Topf geben und mit Zitronensaft und Gelierzucker mischen.

3. Den Saft zum Kochen bringen und 5 Minuten sprudelnd kochen lassen.

4. Restliche Äpfel schälen und fein würfeln, mit Rosinen unterrühren und das Gelee in Gläser füllen.

Leichter und schneller geht es, wenn Sie den Saft mit Hilfe eines Schnellkochtopfes oder Entsafters gewinnen.

Mein Tipp:

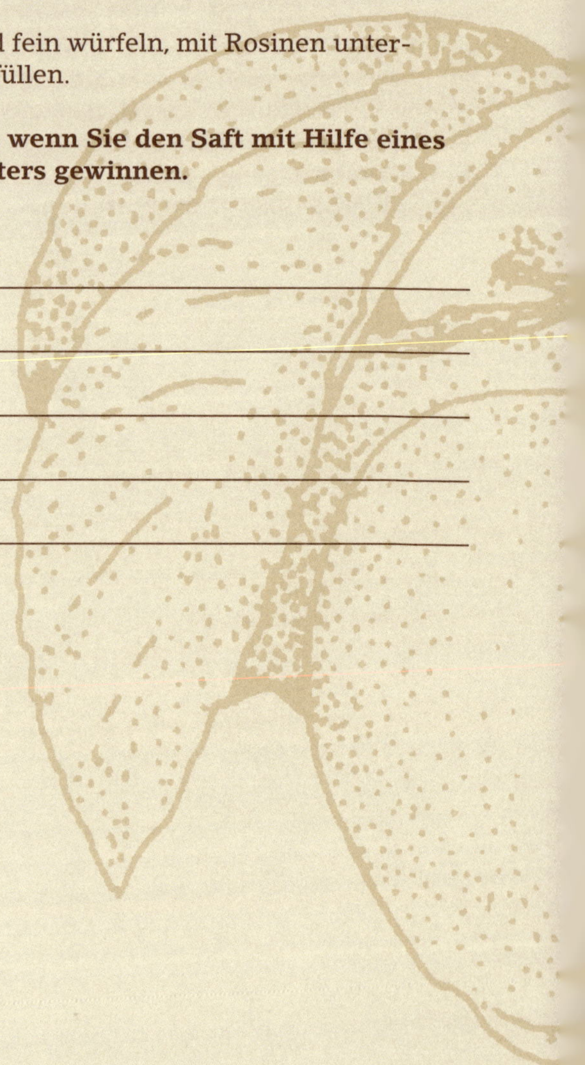

Birnen-Mango-Konfitüre

Am besten eignen sich Williams-Christ-Birnen. Die englische Birnensorte besitzt ein zartes weißes Fruchtfleisch, das sehr aromatisch schmeckt. Auch die in Italien angebaute Gute Luise – bei uns nur im Herbst erhältlich – lässt sich gut weiterverarbeiten und schmeckt aromatisch süß.

(für 6–7 Gläser à 200 ml)

- **175 g Mango**
- **825 g aromatische Birnen**
- **1 kg Gelierzucker**

1. Mango schälen, den Stein entfernen und das Fruchtfleisch fein pürieren. Birnen waschen, schälen und entkernen. Birnen klein schneiden und mit Mangopüree und Gelierzucker in einem großen Topf mischen. Zugedeckt über Nacht durchziehen lassen.

2. Zum Kochen bringen und 5 Minuten unter Rühren sprudelnd kochen lassen. Konfitüre sofort in Gläser füllen und diese verschließen.

Mein Tipp:

Apfelmus

Apfelmus schmeckt nicht nur als Dessert oder zu Pfannkuchen, es eignet sich auch als Brotaufstrich.

(für 5 Gläser à 200 ml)

- **1 kg Äpfel**
- **100 ml Wasser**
- **Zimt und Zucker nach Geschmack**

1. Äpfel waschen, vierteln und entkernen, zusammen mit dem Wasser im Schnellkochtopf 2 Minuten oder im normalen Topf 10 Minuten kochen.

2. Apfelmasse durch ein Sieb streichen und nach Geschmack mit Zucker und Zimt abschmecken.

Wer das Apfelmus lieber stückiger mag, schält die Äpfel vor dem Einkochen und verzichtet darauf, die Masse durch ein Sieb zu streichen.

Mein Tipp:

Brombeer-Pfirsich-Konfitüre

Brombeeren sind sehr empfindlich und vertragen weder Hitze noch längere Transporte. Sie halten aber ungewaschen und lose gepackt einige Tage im Kühlschrank.

(für 4–5 Gläser à 200 ml)

- **600 g Pfirsiche**
- **400 g Brombeeren**
- **½ kg Gelierzucker 2 : 1**
- **1 Päckchen Zitronensäure**
- **100 g grob gehackte Walnüsse**

1. Pfirsiche waschen, entsteinen und klein schneiden. Brombeeren verlesen, vorsichtig waschen und in einem Sieb abtropfen lassen.

2. In einem großen Topf Früchte mit Gelierzucker und Zitronensäure mischen und zum Kochen bringen. 5 Minuten unter Rühren sprudelnd kochen lassen.

3. Zum Schluss Walnüsse unterrühren. Konfitüre in Gläser füllen.

Mein Tipp:

Brombeer-Zimt-Konfitüre

(für 4–5 Gläser à 200 ml)

- **½ kg Brombeeren**
- **250 g Gelierzucker 2 : 1**
- **1 Msp. Nelkenpulver**
- **2 Msp. Zimtpulver**
- **1 EL Zitronensaft**

1. Brombeeren verlesen, vorsichtig waschen, abtropfen lassen und mit Gelierzucker, Gewürzen und Zitronensaft gut vermischen. In eine hohe Glasschüssel füllen und abdecken.

2. In der Mikrowelle 5 Minuten bei 180 Watt erhitzen, dann einmal gut durchrühren, wieder abdecken und weitere 6 Minuten bei 600 Watt garen.

3. Die Konfitüre heiß in Gläser füllen und diese verschließen.

Mein Tipp:

Feigenkonfitüre

Schon in der Antike schätzte man die Heilwirkung und den Nährwert von Feigen. Lange bevor man Zucker kannte, wurden Feigen als Süßungsmittel verwendet.

(für 5 Gläser à 200 ml)

- **1 kg frische Feigen**
- **2 unbehandelte Zitronen**
- **200 g Zucker**
- **2 EL gehackte Mandeln**
- **1 EL ungesüßtes Kakaopulver**

1. Feigen waschen, halbieren und in sehr kleine Stücke schneiden. Zitronen heiß abwaschen und trockentupfen. Die Schale von einer Zitrone dünn abschälen und in feine Streifen schneiden. Den Saft beider Zitronen auspressen, davon 2–3 Esslöffel Saft beiseite stellen.

2. In einen Topf gewürfelte Feigen, Zitronenstreifen, Zitronensaft und Zucker geben und unter Rühren langsam erhitzen. Bei schwacher Hitze unter Rühren etwa 25 Minuten kochen.

3. Mandeln in einer Pfanne ohne Fett goldgelb anrösten. Kakao mit Zitronensaft zu einer glatten Masse verrühren und nach der Gelierprobe zusammen mit den Mandeln in die Feigenkonfitüre rühren. In Gläser füllen und diese fest verschließen.

Je nach Geschmack kann man auch das ausgekratzte Mark einer Vanilleschote, ½ Teelöffel Zimt und/oder Kardamom zugeben.

Mein Tipp:

Grapefruit-Campari-Gelee

Die Grapefruit ist mit der Pampelmuse verwandt und gehört wie sie zu den Zitrusfrüchten. Die rotfleischigen Sorten mit rosa bis rotem Fruchtfleisch und rötlicher Schale schmecken weniger herb und säuerlich.

(für 5 Gläser à 200 ml)

- **6–8 Grapefruits**
- **2 unbehandelte Orangen**
- **130 ml Campari**
- **½ kg Gelierzucker 1 : 3**
- **eventuell etwas Zitronensäure**

1. 3 Grapefruits so schälen, dass die weiße Haut mit entfernt wird, das Fruchtfleisch filetieren. Man benötigt etwa 350 Gramm Fruchtfleisch. Restliche Grapefruits auspressen und den Saft in einen Messbecher gießen. Von den Orangen eine heiß abspülen, abtrocknen, die Hälfte der Schale abreiben. Beide Orangen auspressen und den Saft ebenfalls in den Messbecher gießen.

2. 900 Milliliter Saft abmessen und in einen Topf geben. Campari und abgeriebene Orangenschale zufügen. Gelierzucker und Fruchtfilets unterrühren.

3. Das Ganze unter Rühren aufkochen lassen und etwa 5 Minuten unter Rühren sprudelnd kochen. Gelee vorsichtig in die Gläser füllen.

Für Gelee, das auch Kinder essen können, Campari durch die gleiche Menge Saft ersetzen.

Mein Tipp:

Hagebutten-Apfel-Konfitüre

(für 6–7 Gläser à 200 ml)

- 800 g Hagebutten
- ¼ l Wasser
- ½ kg Äpfel
- Schale von 1 unbehandelten Orange
- ½ kg Gelierzucker 2 : 1

1. Hagebutten waschen, Stiel und Blüte entfernen. Früchte halbieren, entkernen, nochmals waschen. Mit Wasser in einen großen Topf geben und zugedeckt in etwa 20 Minuten weich kochen. Hagebutten herausnehmen, Kochwasser aufheben.

2. Hagebutten durch ein Sieb streichen. 500 Gramm Fruchtmark abwiegen. Äpfel schälen, entkernen und in kleine Würfel schneiden.

3. Fruchtmasse mit dem Kochwasser, Orangenschale und Gelierzucker mischen. Unter Rühren zum Kochen bringen, 5 Minuten unter Rühren sprudelnd kochen lassen. Heiß in Gläser füllen und sofort verschließen.

Mein Tipp:

Himbeer-Johannisbeer-Konfitüre

Die säuerlichen roten Johannisbeeren enthalten reichlich Zitronensäure und Pektin. Reife Früchte sind für Konfitüren am besten geeignet, da sie am meisten Pektin enthalten und so rasch gelieren.

(für 4–5 Gläser à 200 ml)

- 600 g rote Johannisbeeren
- 400 g Himbeeren
- 1 kg Gelierzucker
- 2 Schnapsgläser Himbeergeist
- 5 Blättchen Zitronenmelisse

1. Johannisbeeren waschen, von den Rispen streifen und leicht zerdrücken. Himbeeren verlesen. Die Früchte in einen großen Topf geben und mit dem Zucker mischen.

2. Unter Rühren zum Kochen bringen und 5 Minuten unter Rühren sprudelnd kochen lassen. Himbeergeist und fein geschnittene Zitronenmelisse unterrühren. Konfitüre in Gläser füllen.

Mein Tipp:

Kaffeegelee

Mal etwas ganz anderes als Fruchtgelees ist dieses Gelee mit Kaffeepulver. Ein ideales Mitbringsel, das sicher allen gut schmecken wird.

(für 4 Gläser à 200 ml)

1 unbehandelte Orange

1 l Wasser

1 EL Zitronenschale

1 Zimtstange

4 EL Kaffee-Instantpulver

½ kg Gelierzucker

1. Orange waschen und in dünne Scheiben schneiden. Orangenscheiben in knapp 1 Liter Wasser mit abgeriebener Zitronenschale, Zimtstange und Kaffee aufkochen. Den Zucker einstreuen und alles 5 Minuten sprudelnd kochen lassen. Die Zimtstange wieder entfernen und eine Gelierprobe machen.

2. Gelee in Gläser füllen und diese sofort fest verschließen.

Wenn die Orangenscheiben im Gelee stören, kann man diese durch ganz schmale Zitronen- oder Orangenstreifen (Juliennes) ersetzen.

Mein Tipp:

Kiwigelee

(für 4 Gläser à 200 ml)

8 Kiwis

¾ l Orangensaft

Saft von 1 Limette

1 kg Zucker

1 Päckchen Gelfix

2 cl Rum

1. Kiwis schälen und pürieren. Anschließend mit Orangen- und Limettensaft in einem Topf verrühren. Zucker untermischen. Zum Kochen bringen.

2. Gelfix unterrühren und alles 5 Minuten sprudelnd kochen lassen. Rum unterrühren und eine Gelierprobe machen. Gelee in vorbereitete Gläser füllen. Sofort verschließen.

Gelfix ist ein Gelierpulver für klassisch süße Konfitüren, Marmeladen und Gelees. Hiermit werden Früchte und Zucker im Verhältnis 1 : 1 verarbeitet.

Mein Tipp:

Lemon Curd

Eine leckere Alternative zur Marmelade, die gut zu Toast und Muffins passt. Die Zitruscreme stammt ursprünglich aus England.

1. Butter zerlassen, Speisestärke unter Rühren so lange darin erhitzen, bis sie hellgelb ist. Zitronensaft. Orangensaft und Wein unterrühren. Zucker und Zitronenschale zufügen.

2. Alles 2 Minuten kochen. Lemon Curd sofort in Gläser füllen und diese verschließen.

Mein Tipp:

(für 2–3 Gläser à 200 ml)

- **100 g Butter**
- **30 g Speisestärke**
- **150 ml frisch gepresster Zitronensaft**
- **100 ml frisch gepresster Orangensaft**
- **150 ml Weißwein**
- **150 g Zucker**
- **1 Päckchen Zitronenschale**

Melissengelee

Das in der Zitronenmelisse enthaltene ätherische Öl wirkt anregend, hilft bei Krämpfen und bekämpft Bakterien. Eigenschaften, welche die Römer bereits vor rund 2 000 Jahren bewegten, die Melisse anzubauen.

1. Zitronenmelisse waschen und fein hacken. In eine kleine Schüssel geben und den Korn zufügen. Mindestens 2 Stunden ziehen lassen.

2. Mit Sirup, Obstler und Zitronensaft in einen Topf geben und mit Wasser auf 1 Liter auffüllen. Gelierzucker untermischen.

3. Unter Rühren langsam erhitzen und 5 Minuten sprudelnd kochen lassen. Gelierprobe machen. In vorbereitete Gläser abfüllen und diese fest verschließen.

Mein Tipp:

(für 2–3 Gläser à 200 ml)

- **3 Bd. Zitronenmelisse**
- **4 EL Schnaps (Korn)**
- **1 Tasse Waldmeister-Sirup**
- **1 Tasse Obstler**
- **Saft von 2 Zitronen**
- **½ kg Gelierzucker 2 : 1**

Pfefferminzgelee

Pfefferminze verdankt ihren unverwechselbaren Geruch und ihre Heilkräfte dem Menthol.

(für 3–4 Gläser à 200 ml)

- **2 Bd. frische Pfefferminze**
- **4 EL Schnaps (Korn)**
- **2 EL getrocknete Pfefferminze**
- **100 ml Zitronensaft**
- **½ kg Gelierzucker 2 : 1**

1. Pfefferminze waschen und fein hacken. In eine Schüssel geben, den Korn hinzufügen und die Pfefferminze mindestens 1 Stunde darin ziehen lassen.

2. In der Zwischenzeit ¾ Liter Wasser zum Kochen bringen und die getrocknete Pfefferminze 5 Minuten überbrühen. Pfefferminze absieben und den Tee abkühlen lassen.

3. Tee, Zitronensaft und die frische Pfefferminze in einen Topf geben. Gelierzucker hinzufügen und unter Rühren langsam erhitzen. 2 Minuten sprudelnd kochen lassen, dann in Gläser füllen und diese fest verschließen.

Mein Tipp:

Möhrenkonfitüre

Zum Gelieren wird hier Agar-Agar verwendet, das aus Rotalgen hergestellt wird. Es geliert 8- bis 10-mal stärker als Gelatine.

(für 2–3 Gläser à 200 ml)

- **½ kg Möhren**
- **½ l Apfelsaft**
- **300 g Zucker**
- **6 g Agar-Agar**
- **100 g gehackte Mandeln**

1. Möhren waschen, schälen und raspeln. Apfelsaft in einen Topf geben und Möhrenraspel und Zucker unterrühren. Zum Kochen bringen. So lange köcheln, bis der Zucker sich vollständig aufgelöst hat.

2. Agar-Agar in kaltem Wasser oder Apfelsaft anrühren, einrühren, das Ganze 2–3 Minuten unter Rühren kochen. Mandeln unterrühren. Konfitüre in Gläser füllen und diese fest verschließen.

Wer mag, kann jeweils ein Stück Zimtstange mit in die Gläser legen.

Mein Tipp:

Kirschkonfitüre mit Rotwein

Die dickfleischigen Süßkirschen sind hell- bis dunkelrot. Gute Früchte sind prall und fest und haben eine glänzende Haut. Ein Mitbringsel für Rotweinfreunde.

(für 5–6 Gläser à 200 ml)

875 g entsteinte Süßkirschen
½ kg Gelierzucker 2 : 1
⅛ l Rotwein
4 Zimtstangen
2 Gewürznelken
Saft von 1 Zitrone

1. Kirschen zerkleinern. Mit Gelierzucker, Rotwein, den Gewürzen und Zitronensaft in einem großen Topf mischen.

2. Unter Rühren zum Kochen bringen, 5 Minuten unter Rühren sprudelnd kochen lassen.

3. Zimtstangen und Nelken entfernen und die Konfitüre in Gläser füllen.

Kirschen wäscht man vor dem Entfernen der Stiele, damit sich die Früchte nicht mit Wasser voll saugen. Zum Entsteinen einen Kirschenentsteiner verwenden.

Mein Tipp:

Würzige Nektarinenkonfitüre

Eine gute Möglichkeit, Nektarinen zu verarbeiten, wenn die Früchte Hauptsaison haben. Die Gewürze geben der Konfitüre einen zusätzlichen Pfiff.

(für 8 Gläser à 200 ml)

- **2 kg Nektarinen**
- **2 kg Gelierzucker**
- **1 Vanilleschote**
- **1 Msp. Nelken**
- **1 Msp. Zimt**

1. Nektarinen waschen, abtropfen lassen, schälen, entkernen und in Stücke teilen. Nektarinen mit dem Mixer pürieren.

2. Nektarinen in einen Topf geben, Zucker untermischen, Gewürze zugeben. Zum Kochen bringen und unter Rühren 5 Minuten sprudelnd kochen lassen. In Gläser füllen und diese fest verschließen.

Mein Tipp:

Johannisbeer-Prosecco-Gelee

Der spritzige italienische Perlwein gibt dem Gelee das gewisse Etwas. Die Roten Johannisbeeren steuern reichlich Vitamin C bei.

(für 4–5 Gläser à 200 ml)

- **250 g Rote Johannisbeeren**
- **400 ml ungesüßter Johannisbeersaft**
- **600 ml Prosecco**
- **½ kg Gelierzucker 3 : 1**

1. Johannisbeeren waschen, gut abtropfen lassen, von den Rispen streifen und in einen Topf geben. Saft, Prosecco und Zucker unterrühren.

2. Unter Rühren zum Kochen bringen und 5 Minuten unter Rühren sprudelnd kochen lassen. Gelee in Gläser füllen.

Mein Tipp:

Schwarzes Johannisbeergelee

Das saftige Fruchtfleisch der Schwarzen Johannisbeere duftet angenehm und hat einen leicht säuerlichen Geschmack. 250 Gramm Früchte enthalten dreimal so viel Vitamin C wie eine Orange.

(für 4–5 Gläser à 200 ml)

- **1¼ kg Schwarze Johannisbeeren**
- **1 kg Gelierzucker**
- **2 Vanillestangen**
- **2 Zimtstangen**

1. Johannisbeeren entsaften oder mit wenig Wasser kochen, bis die Beeren platzen. Den Saft durch ein Tuch ablaufen lassen.

2. 1 Liter abgekühlten Saft mit Gelierzucker, dem Mark der Vanillestangen und Zimtstangen in einen großen Topf geben.

3. Unter Rühren zum Kochen bringen und 5 Minuten unter Rühren sprudelnd kochen lassen. Zimtstangen entfernen und das Gelee in Gläser füllen.

Mein Tipp:

Orangenmarmelade mit Orangeat

Für diese Zitrusmarmelade eignen sich am besten Valencia-Orangen, denn sie sind äußerst saftig. Aber auch das Fleisch der Navelorange ist saftig und süß.

(für 6–8 Gläser à 200 ml)

2 kg Orangen

1 Grapefruit

2 Zitronen

2 kg Zucker

50 g Orangeat

1. Orangen und Grapefruit so schälen, dass die weiße Haut mit entfernt wird. Fruchtfleisch klein schneiden, in einen großen Topf geben und mit so viel Wasser bedecken, dass das Fruchtfleisch knapp bedeckt ist. Über Nacht stehen lassen.

2. Zitronen auspressen und den Saft zu den Fruchtstücken geben. Zucker einrühren. Zum Kochen bringen und etwa 30 Minuten unter Rühren köcheln lassen. Gelierprobe (siehe Seite 20) machen, geliert die Marmelade, Orangeat unterrühren. Marmelade in Gläser füllen und diese sofort verschließen.

Mein Tipp:

Klassische Sauerkirschkonfitüre

(für 5 Gläser à 200 ml)

- 1 kg entsteinte Sauerkirschen
- 1 kg Gelierzucker
- 1 Zimtstange

1. Die entsteinten Kirschen vorsichtig zerkleinern. Mit dem Gelierzucker in einem großen Topf mischen. Zimtstange zugeben.

2. Unter Rühren zum Kochen bringen und 5 Minuten unter Rühren sprudelnd kochen lassen. Zimtstange entfernen und Konfitüre in Gläser füllen.

Mein Tipp:

Rhabarber-Feigen-Konfitüre

Das säuerlich frische Aroma des Rhabarbers gleicht die Süße der Feigen aus: eine ideale Kombination, die jedes Frühstücksbrötchen verfeinert.

(für 7 Gläser à 200 ml)

- 250 g getrocknete Feigen
- 2 Päckchen Orangenfrucht
- ¼ l trockener Sherry oder Portwein
- 700 g roter Rhabarber
- 1 kg Gelierzucker

1. Feigen klein würfeln und mit dem Orangenschalenaroma 2–3 Stunden in Sherry oder Portwein einweichen.

2. Rhabarber waschen, putzen und wenn nötig schälen. Rhabarber in 2 Zentimeter große Stücke schneiden. Feigen durch ein Sieb gießen, dabei die Flüssigkeit auffangen.

3. Feigen mit Rhabarber und Gelierzucker in einem großen Topf mischen und zum Kochen bringen. 5 Minuten unter Rühren sprudelnd kochen lassen, vom Herd nehmen und die aufgefangene Einweichflüssigkeit unterrühren. Konfitüre sofort in Gläser füllen und diese fest verschließen.

Mein Tipp:

Rosenkonfitüre

Rosenliebhaber und Gartenbesitzer finden hier eine Anregung, Blütenblätter zu verwerten. Rosenkonfitüre ist ein gern gesehenes kleines Mitbringsel.

(für 3–4 Gläser à 200 ml)

- **225 g Blütenköpfe von Duftrosen**
- **1 l Wasser**
- **1 kg Puderzucker**
- **Saft von 3 Zitronen**

1. Blütenköpfe mit dem Wasser in einen Topf geben und zum Kochen bringen. Zugedeckt kochen lassen, bis die Blätter sich weißlich verfärben.

2. Puderzucker einrühren, Zitronensaft hinzugeben und weiterköcheln lassen, bis ein dicker Sirup entstanden ist. Dabei immer wieder den sich oben absetzenden Schaum entfernen.

3. Die fertige Konfitüre in ein anderes Gefäß füllen und abkühlen lassen. In Marmeladengläser füllen und diese gut verschließen.

Mein Tipp:

Rosmaringelee

Dieses Gelee ist ein ganz besonderes Mitbringsel. Rosmarin ist übrigens ein natürliches Konservierungsmittel.

(für etwa 4 Gläser à 200 ml)

- **½ l klarer ungesüßter Apfelsaft**
- **25 ml frisch gepresster Zitronensaft**
- **200 g Gelierzucker 3 : 1**
- **10 Rosmarinzweige**
- **etwas grüne Lebensmittelfarbe**

1. Apfelsaft, Zitronensaft und Zucker in einem großen Topf mischen. Unter Rühren zum Kochen bringen und 5 Minuten unter Rühren sprudelnd kochen lassen.

2. Rosmarin waschen, 6 Zweige zugeben. 2–3 Tropfen Lebensmittelfarbe einrühren. Das Ganze einige Minuten durchziehen lassen.

3. Jeweils 1 Rosmarinzweig in ein Glas geben. Das Gelee in die Gläser füllen.

Mein Tipp:

Pflaumenkonfitüre mit Walnüssen

Die Pflaumen sollten auf Druck leicht nachgeben und angenehm duften. Die Früchte sollten weder zu hart noch sehr weich sein.

(für 6–8 Gläser à 200 ml)

1300 g Pflaumen

200 ml Rotwein oder roter Traubensaft

150 g gehackte Walnusskerne

½ kg Gelierzucker 1 : 3

1. Pflaumen waschen, im Sieb abtropfen lassen, halbieren, entsteinen und klein schneiden.

2. Pflaumen, Rotwein oder Saft und gehackte Walnüsse in einem großen Topf mit Zucker mischen.

3. Unter Rühren zum Kochen bringen und 5 Minuten unter ständigem Rühren sprudelnd kochen lassen. Konfitüre in Gläser füllen.

Durch die Zugabe von Walnüssen verkürzt sich die Haltbarkeit. Deshalb vielleicht nur die Hälfte des Rezepts zubereiten, wenn man nicht sehr viel Konfitüre isst.

Mein Tipp:

Pflaumenmus auf traditionelle Art

Aus dem würzigen Pflaumenmus lässt sich schnell eine Soße zubereiten. Auch für die Herstellung von Friesentorten ist Pflaumenmus ein unverzichtbarer Bestandteil. Selbst gemachtes Mus ist nicht so süß wie gekauftes.

(für 5–6 Gläser à 200 ml)

1 kg Pflaumen oder Zwetschgen

200 g Zucker

1 Zimtstange

etwas Pimentpulver

etwas Whisky oder Rum

1. Pflaumen oder Zwetschgen waschen und entsteinen. In einen Topf geben und ohne Wasserzugabe kurz dünsten. Gedünstete Pflaumen in eine Fettpfanne geben, ⅓ des Zuckers einrühren und die Gewürze zugeben. Bei 150 Grad etwa 20 Minuten im Backofen backen. Die Tür des Backofens sollte dabei leicht geöffnet bleiben (Löffel einklemmen).

2. Nach 20 Minuten wieder ⅓ des Zuckers einrühren und Pflaumen oder Zwetschgen weitere 20 Minuten im Backofen backen. Das letzte Drittel des Zuckers einrühren und weitere 20 Minuten backen. Das Pflaumenmus probieren und bei Bedarf weiteren Zucker zugeben. Dann noch einmal für einige Minuten in den Backofen stellen.

3. Das Mus in Gläser füllen und etwas Rum oder Whisky darüber träufeln. Gläser sofort verschließen.

Statt Piment kann man etwas gemahlenen Ingwer unterrühren.

Mein Tipp:

Sanddorn-Fruchtaufstrich

Die orangefarbenen Sanddornbeeren, die an dornigen Büschen wachsen, sind ein Highlight unter den Vitaminspendern. Sie enthalten jede Menge Vitamin C.

(für 4 Gläser à 200 ml)

½ l Sanddornmark

400 ml Orangensaft

1 Päckchen Orangenfrucht

½ kg Gelierzucker 2 : 1

1. Sanddornmark, Orangensaft und Orangenfrucht mit dem Gelierzucker in einem großen Topf mischen.

2. Unter Rühren zum Kochen bringen und 5 Minuten sprudelnd kochen lassen. Fruchtaufstrich in Gläser füllen und diese fest verschließen.

Mein Tipp:

Sauerkirschkonfitüre mit Schokostückchen

(für 5 Gläser à 200 ml)

1 kg Sauerkirschen

½ kg Gelierzucker 2 : 1

2 EL Zitronensaft

60 g geriebene Zartbitterschokolade

1. Kirschen waschen, entstielen und entsteinen. Früchte mit Gelierzucker und Zitronensaft in einem großen Topf mischen und leicht zerdrücken oder teilweise pürieren. Die Fruchtmasse zum Kochen bringen und unter Rühren 5 Minuten sprudelnd kochen lassen.

2. Topf vom Herd nehmen, Schokolade unterrühren und die Konfitüre sofort in Gläser füllen und diese fest verschließen.

Wer ganze Kirschen in der Konfitüre bevorzugt, verzichtet auf das Zerdrücken oder Pürieren und lässt stattdessen die Kirschen mit Zitronensaft und Gelierzucker vor dem Kochen zugedeckt 2–3 Stunden durchziehen.

Mein Tipp:

Stachelbeer-Johannisbeer-Konfitüre

Stachelbeeren sind vor allem in der englischen Küche beliebt, wo sie etwa als Zutat zu einer süßsauren Soße gehören. Bei uns fristet das säuerlich schmeckende Fruchtfleisch der flaumigen Stachelbeere eher ein Schattendasein.

(für 5 Gläser à 200 ml)

- **750 g Stachelbeeren**
- **250 g Rote Johannisbeeren**
- **1 kg Gelierzucker**
- **3 Schnapsgläschen Wacholderschnaps**

1. Stachelbeeren waschen, von Stiel und Blüte befreien. Johannisbeeren waschen und von den Rispen streifen.

2. Früchte gut zerkleinern und in einen Topf geben. Gelierzucker hinzufügen und unter Rühren zum Kochen bringen. 5 Minuten sprudelnd kochen lassen. Wacholderschnaps unterrühren. Die Konfitüre in Gläser füllen und diese sofort verschließen.

Mein Tipp:

Quitten-Apfel-Gelee

Seit alters her wird die Quitte wegen ihres hohen Pektingehalts zu Gelee verarbeitet. Nur vollreife Früchte kommen für dieses Gelee in Frage.

(für 4–5 Gläser à 200 ml)

- **1 kg Quitten**
- **½ kg Äpfel**
- **2 Zimtstangen**
- **1 kg Gelierzucker**

1. Quitten und Äpfel waschen, Stiele und Blüten entfernen und mit Schale und Kerngehäuse in Stücke schneiden. Quitten- und Apfelstücke mit den Zimstangen in einen Topf geben und knapp mit Wasser bedeckt weich kochen.

2. Saft durch ein Tuch ablaufen lassen. 1 Liter kalten Saft mit dem Zucker in einem Topf verrühren. Zum Kochen bringen und unter Rühren 5 Minuten sprudelnd kochen lassen. Zimtstangen entfernen und das Gelee in Gläser füllen.

Mein Tipp:

Sommerbeerenkonfitüre

Die fruchtige Sommerbeerenkonfitüre schmeckt nach mehr. Alle Beeren liefern reichlich Vitamin C.

1. Erdbeeren waschen, entstielen und klein schneiden. Johannisbeeren waschen und die Beeren von den Rispen streifen. Himbeeren verlesen, Stachelbeeren waschen, Stiele und Blütenansätze entfernen und halbieren.

2. Früchte und Zucker in einem großen Topf mischen. Zum Kochen bringen und unter Rühren 5 Minuten sprudelnd kochen lassen. Konfitüre in Gläser füllen.

(für 5 Gläser à 200 ml)

- **250 g Erdbeeren**
- **250 g Johannisbeeren**
- **250 g Himbeeren**
- **250 g Stachelbeeren**
- **½ kg Gelierzucker 1 : 3**

Mein Tipp:

Zitronengelee

Mal etwas ganz anderes ist dieses Zitronengelee. Zitronen sollten eine feinporige, leicht glänzende Schale haben und relativ fest sein. Den Alkohol können Sie durch einen Saft Ihrer Wahl ersetzen.

1. Zitronen waschen, trocknen und von 5 Zitronen die Schale mit einem Zestenreißer in feine Streifen schneiden. Saft von allen 10 Zitronen auspressen und in einen Messbecher gießen. Mit Wasser auf ¾ Liter Flüssigkeit auffüllen. Zitronenschale zufügen und alle Zutaten in einen großen Topf geben.

2. Gelierzucker unterrühren und zum Kochen bringen. 5 Minuten unter Rühren sprudelnd kochen lassen. Whisky und Rum unterrühren. Das Gelee in Gläser füllen.

(für 5 Gläser à 200 ml)

- **10 unbehandelte Zitronen**
- **1 kg Gelierzucker**
- **1 EL Whisky**
- **1 EL Rum**

Mein Tipp:

Trockene Vielfalt

Zu den beliebtesten selbst getrockneten Lebensmitteln zählen Gewürz- und Teekräuter, Pilze und Trockenfrüchte wie Apfelringe, Pflaumen, Aprikosen, Birnenschnitze. Doch auch Gemüse wie Tomaten und Zucchini lassen sich auf diese Weise haltbar machen.

Darauf sollten Sie achten:

- **Zur Aufbewahrung** empfehlen sich Vorratsdosen und -gläser, aber auch Folienbeutel erfüllen ihren Zweck.

- **Obwohl Getrocknetes** mehrere Jahre haltbar ist, büßt es nach einiger Zeit an Geschmack und Qualität ein.

- **Größere Früchte** (wie Äpfel) in Ringe schneiden, Aprikosen oder Pflaumen entsteinen, Kräuter zu Sträußen binden, Pilze je nach Größe in Scheiben schneiden oder im Ganzen trocknen.

- **Um zu überprüfen**, ob die Lebensmittel vollständig getrocknet sind, geben Sie eine kleine Menge des abgekühlten Trockengutes in einen Plastikbeutel und verschließen diesen gut. Beschlägt er nach einiger Zeit von innen, ist noch Feuchtigkeit im Lebensmittel vorhanden. Kräuter sind trocken, wenn sie zwischen den Fingern zerkrümeln.

Kräuter trocknen

Frauen trockneten über Jahrhunderte Kräuter, vor allem, um daraus später Tee herzustellen. Die »Kräuterhexen« verstanden ihr Handwerk. Alle bekannten Küchenkräuter, mit Ausnahme von Kresse und Borretsch, lassen sich auf diese Weise haltbar machen. Es gibt verschiedene Möglichkeiten:

- **Trocknung im Backofen:** Kräuter waschen, trockentupfen und auf ein mit Alufolie belegtes Backblech legen. Bei geringster Hitzezufuhr (40 bis 50 Grad) bis zu 12 Stunden trocknen, bis sich die Blätter leicht mit den Fingern zerreiben lassen. Blätter von den Stielen zupfen und in saubere, dicht verschließbare Behälter füllen.

- **Trocknen in der Mikrowelle:** Blätter von den Stielen zupfen und auf Küchenpapier ausbreiten. Die Trocknungszeiten der einzelnen Kräutersorten sind etwas verschieden, 4 Minuten bei 650 Watt sollten jedoch genügen.

- **Lufttrocknen:** Kräuter bündeln, mit einem Faden umwickeln und an einem warmen, trockenen und luftigen Ort bis zu 2 Wochen aufhängen. Bei hoher Luftfeuchtigkeit ist diese Methode nicht ratsam.

- **Trocknen im Dörrapparat:** Zeiten und Temperaturen sind geregelt, die Trocknung verläuft sozusagen automatisch. Achten Sie darauf, dass die Kräuter nicht zu trocken werden.

Übrigens: Alle getrockneten Kräuter sollten grün bleiben. Graue oder braune Trockenkräuter wurden zu heiß oder zu lange getrocknet – sie verlieren dadurch einen Großteil ihres typischen Aromas.

Obst und Gemüse trocknen

Die einfachste Art der Haltbarmachung ist das Trocknen an der Sonne. Hierzu legen Sie das ausgewählte Obst oder Gemüse nebeneinander auf eine Holzhorde. Sie sollten dabei darauf achten, dass sich die Teile nicht berühren. Die Horde mit dem Trocknungsgut stellen Sie an einem sonnigen und möglichst luftigen Ort ins Freie. Dies ist natürlich nur im Sommer möglich, wenn eine möglichst niedrige Luftfeuchtigkeit vorherrscht. Sie können zum Schutz gegen Insekten ein dünnes Netz über das Trockengut spannen.

Eine auch heute noch in einigen Teilen Europas verbreitete Form des Trocknens von Obst ist die Obstkette. Sie entsteht, indem Apfelscheiben, Pflaumen, Feigen und Zwetschgen auf Bindfäden gezogen werden, die man dann zum Trocknen in die Sonne hängt. Diese Ketten sehen dekorativ aus und lassen sich zur weiteren Lagerung einfach in einem kühlen dunklen Raum aufhängen. Da das Klima in unseren Breiten nicht immer mitspielt, ist das Trocknen im Backofen jedoch sicherer.

Darauf sollten Sie achten:

- **Auf den Rosten** trennt man das Obst durch eine Schicht Backpapier vom Metall, denn die Fruchtsäuren greifen es an, was auf Apfelscheiben schwarze Streifen und einen metallenen Geschmack hinterlässt.

- **Die Backofentür** während des Trocknens einen Spalt breit offen lassen, damit die Feuchtigkeit abziehen kann. Ideal zum Dörren sind Heißluftherde, wo man problemlos zwei, drei Bleche oder Roste übereinander einschieben kann.

- **Nur frisches**, gesundes, ungespritztes und reifes Obst oder Gemüse dörren.

- **Damit Apfelringe**, Birnenschnitze, Aprikosen oder andere hellhäutige Obstsorten hell bleiben, sollte man sie sofort nach dem Schneiden für kurze Zeit in verdünntes Zitronen- oder Salzwasser tauchen: Dabei kommen 5 Milliliter Zitronensaft oder 5 Gramm Salz auf ½ Liter Wasser. Gut ausgereiften Äpfeln sticht man nach dem Waschen das Kerngehäuse aus und schneidet sie in möglichst gleich dicke Scheiben (etwa 1 Zentimeter) oder in Schnitze.

- **Apfelscheiben** trocknen im Backofen in etwa 6 bis 8 Stunden, Bananenscheiben in 8 bis 10 Stunden, entsteinte Kirschen in 15 bis 20 Stunden, halbierte, entsteinte Pflaumen in 15 bis 20 Stunden, Gemüse in ½ Zentimeter dicken Scheiben in 2 Stunden.

Obstchips

Schmackhaft und dekorativ als Leckerei oder zu Desserts. Für die Marinade mischt man 4 Teile Zitronensaft mit 1 Teil flüssigem Honig.

Zutaten:

- **Obst (etwa Ananas, unreife Bananen, Mangos, Birnen und Äpfel)**
- **frisch gepresster Zitronensaft**
- **flüssiger Honig**

TROCKNE

1. Obst schälen, entsteinen und in sehr dünne Scheiben schneiden, am besten geht das mit dem Hobel.

2. In einer flachen Schüssel aus Zitronensaft und Honig eine Marinade anrühren.

3. Obstscheiben in die Marinade tauchen und anschließend auf ein mit Backpapier belegtes Backblech legen.

4. Den Backofen auf 75 Grad einstellen und das Obst etwa 4 Stunden trocknen lassen. Die Backofentür dabei einen kleinen Spalt offen lassen.

Getrocknete Weihnachtsäpfel

An den Weihnachtsfeiertagen sind Äpfel, die man selbst im Sommer getrocknet hat, ein willkommener und auch gesunder Snack für zwischendurch.

Zutaten:
- **Salzwasser**
- **2 kg Äpfel**

1. Eine große Schüssel mit Wasser füllen und etwas Salz darin auflösen. Äpfel gründlich waschen und das Kerngehäuse mit einem schmalen Messer oder einem Ausstecher entfernen (nicht aufschneiden). Äpfel in etwa 1 Zentimeter große Scheiben schneiden und kurz in das Salzwasser tauchen.

2. An einem Faden aufziehen. Das Salz verhindert eine Braunfärbung der Äpfel. Wenn der Faden mit Apfelringen voll ist, sollten Sie darauf achten, dass die Apfelringe nicht zu dicht aneinander liegen. Nur so können sie gut trocknen.

3. Apfelscheiben zum Trocknen an einem warmen Ort aufhängen. Nach ein paar Wochen sind die Früchte fertig und können in Dosen aufgehoben werden.

Aufstriche, Soßen, Chutneys und Relishes

Eine aromatische Note

Chutneys und Relishes verleihen vielen Speisen eine aromatische Note. Beides sind süßsaure oder scharf-würzige Beilagen aus Obst und Gemüse. In Chutneys überwiegt meist der Fruchtanteil, in Relishes der Gemüseanteil. Ein Chutney ist homogener, marmeladenartiger als ein Relish, das zumeist stückiger bleibt. Chutneys halten an einem dunklen kühlen Ort 2 bis 12, Relishes etwa 3 Monate.

Neben Zucker benötigt man für die Zubereitung Essig und Gewürze, etwa Curry, Paprika, Senfkörner und Cayennepfeffer für die Schärfe. Während Ingwer gut mit Süßsaurem harmoniert, runden Piment, Lorbeer, Zimt, Muskat, Salz und Nelken den Geschmack ab.

Darauf sollten Sie achten:

- Sowohl bei der Verarbeitung von Obst und Gemüse als auch bei allen Einmachgeräten ist höchste Sauberkeit angesagt.
- Einen nicht zu scharfen Essig, wie Wein- oder Obstessig, verwenden.
- Damit die Frucht-Gemüse-Masse nicht anbrennt, während des Kochvorgangs ständig mit einem Rührlöffel umrühren.
- Chutneys, Relishes und pikante Konfitüren mit einer Schöpfkelle randvoll in die heiß ausgespülten Gläser füllen. Gläser verschließen und umgedreht etwa 5 Minuten auf dem Deckel stehen lassen.
- Gläser an einem dunklen und kühlen Ort lagern, dann halten sie sich 6 bis 8 Monate oder länger. Angebrochene Gläser kühl aufbewahren.
- Vor dem Öffnen Chutneys und Relishes mindestens 2, am besten 4 Wochen an einem kühlen dunklen Ort ruhen lassen, damit sich ihr Aroma voll entfalten kann.

Kürbiskonfitüre mit Ingwer

Seit mehr als 10 000 Jahren ist der Kürbis als Gemüsepflanze bekannt. Seit einigen Jahren erleben sowohl Winter- als auch Sommerkürbisse eine Renaissance. Sie liefern reichlich Vitamin A und C.

(für 5 Gläser à 200 ml)

- **1 l Wasser**
- **1½ kg Kürbisfruchtfleisch**
- **2 unbehandelte Orangen**
- **2 unbehandelte Zitronen**
- **½ Zimtstange**
- **3 Nelken**
- **100 g frischer Ingwer**
- **1 kg Gelierzucker**

1. Wasser in einen großen Topf geben. Kürbisfleisch grob raspeln und hinzufügen. Orangen und Zitronen waschen, vierteln, in dünne Scheiben schneiden, entkernen und hinzufügen. Zimt und Nelken zugeben. Ingwer in feine Streifen schneiden und ebenfalls zufügen.

2. Alle Zutaten aufkochen und anschließend 25–30 Minuten köcheln lassen, gelegentlich umrühren. Zimt und Nelken herausnehmen. Zucker unterrühren. Die Masse 25–30 Minuten unter Rühren köcheln lassen, bis die Konfitüre dickflüssig eingekocht ist. Kürbiskonfitüre heiß in Gläser füllen. Hält sich gut 2 Jahre.

Sie können Kürbisfruchtfleisch auch einfrieren und bei Bedarf frische Konfitüre kochen. Sommerkürbisse werden in Scheiben geschnitten und blanchiert eingefroren, Winterkürbisse halten sich im Tiefkühlschrank am besten in pürierter Form.

Mein Tipp:

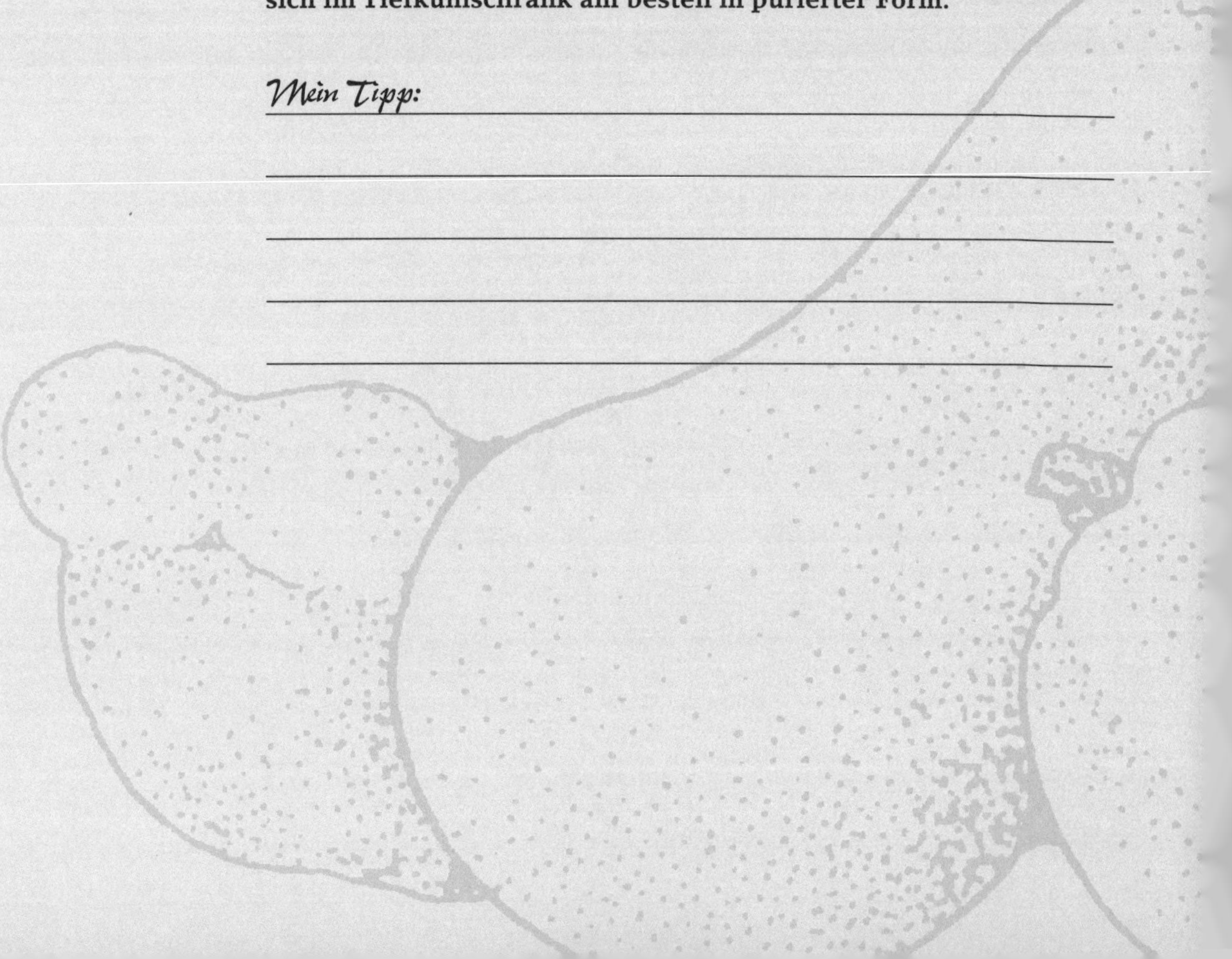

Tomatenkonfitüre mit Koriander

Tomaten sind wahre Alleskönner. Sie liefern Vitamin A, Vitamin C und reichlich Folsäure. Das Karotinoid Lycopen, das der Tomate die rote Farbe gibt, gilt mittlerweile als Killer von Krebszellen. In verarbeiteter Form (gekocht) ist es hochwirksam.

(für 6 Gläser à 200 ml)

1 kg feste Tomaten

1 kg Gelierzucker

2 unbehandelte Zitronen

1½ EL Korianderkörner

1. Tomaten häuten, entkernen, grob zerkleinern, in einen Topf geben. Zucker unterrühren. Mit dem Zestenreißer schmale Streifchen von 1 Zitrone abschälen, hinzufügen. Beide Zitronen auspressen, Saft ebenfalls hinzufügen.

2. Langsam zum Kochen bringen und 5 Minuten köcheln lassen, gelegentlich umrühren und eventuell abschäumen. Koriander grob zerstoßen und hinzufügen.

3. Das Ganze nochmals aufkochen und 30 Minuten unter häufigem Rühren köcheln lassen, bis die Konfitüre dickflüssig eingekocht ist.

4. Tomatenkonfitüre heiß in Gläser füllen. Hält etwa 2 Jahre.

Zum Enthäuten gibt man die Tomaten in einem Sieb für 15–30 Sekunden in kochendes Wasser und schreckt sie kurz unter kaltem Wasser ab. Danach lässt sich die Schale leicht mit einem spitzen Messer abziehen.

Mein Tipp:

Pikante Zwiebelkonfitüre

Zwiebeln sind gesund. Alle Sorten – gelbe und rote Küchenzwiebeln, Gemüsezwiebeln oder Schalotten – enthalten viele Vitamine und sekundäre Pflanzenstoffe. Sie regen den Appetit an und fördern die Verdauung.

(für 6 Gläser à 200 ml)

1¼ kg Zwiebeln
3 EL Salz
1 kg Einmachzucker
¼ l Essig
¼ l trockener Weißwein
1½ TL Gewürznelken
1 TL Kümmel

1. Zwiebeln schälen und in dünne Ringe schneiden. Zwiebeln in eine große Schüssel geben und Salz darüber streuen. Zwiebeln etwa 60 Minuten ziehen lassen, danach gründlich abspülen und trockentupfen.

2. Den Einmachzucker in einen großen Topf füllen und Essig und Wein darüber gießen. Gewürznelken in einen Gewürzbeutel geben, diesen fest verschließen und mit in den Topf legen. Das Ganze aufkochen und 5 Minuten köcheln.

3. Kümmel und Zwiebeln mit in den Topf geben, aufkochen und bei schwacher Hitze 2–2½ Stunden köcheln, etwa so lange, bis die Zwiebeln goldbraun in einem dicklichen Sirup sind. Zwischendurch eventuell abschäumen.

4. Den Topf vom Herd nehmen, Nelken entfernen und Zwiebelkonfitüre in sterilisierte Gläser füllen.

Es empfiehlt sich, die Konfitüre vor dem Verzehr für einige Zeit zu lagern, sie gewinnt dadurch an Geschmack. Eine leckere Beilage zu Wild, Kassler und Schweinebraten.

Mein Tipp:

Tomaten-Chutney

1. Tomaten enthäuten und klein schneiden. Äpfel schälen, entkernen und ebenfalls in kleine Stücke schneiden. Zwiebeln schälen und klein hacken. Aprikosen waschen, halbieren, entsteinen und klein schneiden.

2. Vorbereitetes Gemüse und Obst in einen großen Topf geben. Korinthen, Gewürze, Zucker und Essig zugeben. Unter Rühren zum Kochen bringen und so lange köcheln lassen, bis das Chutney eingedickt ist. Ab und zu umrühren. Chutney heiß in Gläser füllen.

Passt zu allem Gegrillten und Kurzgebratenen, auch zu Fondue oder Raclette.

Mein Tipp:

(für 5 Gläser à 375 ml)

- **2 kg reife Tomaten**
- **½ kg säuerliche Äpfel**
- **½ kg Zwiebeln**
- **400 g Aprikosen**
- **400 g Korinthen**
- **1 TL Senfpulver**
- **1 TL Salz**
- **1 EL Cayennepfeffer**
- **700 g brauner Zucker**
- **1 l Essig**

Pflaumen-Chutney mit Tomaten

Ein ideales Rezept für den Spätsommer, wenn Freilandtomaten und hiesige Pflaumen günstig auf Märkten zu bekommen sind.

1. Tomaten enthäuten und klein schneiden. Pflaumen waschen, entsteinen und klein schneiden. Zwiebeln abziehen und fein hacken. Tomaten, Pflaumen und Zwiebeln in einen großen Topf geben.

2. Sultaninen, Zitronensaft, Zitronenschale, Essig und Gewürze unterrühren. Zum Kochen bringen und bei mittlerer Hitze unter häufigem Rühren 40–45 Minuten kochen lassen.

3. Zucker zufügen, unter Rühren wieder zum Kochen bringen, 4 Minuten sprudelnd kochen lassen. Das Chutney heiß in Gläser füllen.

Mein Tipp:

(für 3 Gläser à 375 ml)

- **600 g Tomaten**
- **½ kg Pflaumen**
- **125 g Zwiebeln**
- **125 g Sultaninen**
- **Saft und abgeriebene Schale von 1 unbehandelten Zitrone**
- **300 ml Apfelessig**
- **¼ TL Zimt**
- **¼ TL Nelkenpulver**
- **1 TL Pfeffer**
- **250 g Gelierzucker**

Birnen-Zwiebel-Chutney

(für 3 Gläser à 375 ml)

- 750 g Birnen, 250 g Zwiebeln
- 2 Knoblauchzehen
- 125 g Backpflaumen ohne Stein
- ⅛ l Weißweinessig
- 100 ml Zitronensaft
- 2 TL gemahlener Koriander
- 2 TL Pfeffer
- 1 TL Cayennepfeffer
- 1 EL frisch geriebener Ingwer
- 2 TL Salz
- 250 g Gelierzucker 2 : 1

Zwiebeln harmonieren besonders gut mit den säurearmen, süßen Birnen. Das Chutney passt zu gegrilltem Fleisch und Fisch, eignet sich auch als Fonduesoße.

1. Birnen waschen (nicht schälen), vierteln, Kerngehäuse entfernen und Fruchtfleisch klein schneiden. Zwiebeln und Knoblauch schälen, fein hacken. Backpflaumen würfeln. Alle Zutaten mit Essig, Zitronensaft und Gewürzen in einem Topf verrühren und unter Rühren zum Kochen bringen. 30–40 Minuten bei mittlerer Hitze kochen lassen. Ab und zu umrühren.

2. Zucker unterrühren, wieder zum Kochen bringen und 3 Minuten sprudelnd kochen lassen. Das Chutney heiß in Gläser füllen.

Mein Tipp:

Mango-Chutney

(für 2 Gläser à 200 ml)

- 1 reife feste Mango
- 2–3 Knoblauchzehen
- 20 g Ingwerwurzel
- 2–3 rote Chilischoten
- 60 g Rosinen
- 90 g brauner Zucker
- 150 ml Weißweinessig
- 1 TL Salz

Die Mango wird seit Jahrtausenden in Indien kultiviert. Von dort brachten die Engländer auch das Chutney-Rezept mit.

1. Mango schälen und Fruchtfleisch vom Stein lösen. 300 Gramm Fruchtfleisch abwiegen und in 1 Zentimeter große Würfel schneiden. Knoblauch und Ingwerwurzel schälen und fein hacken. Chilis waschen, entkernen und in feine Streifen schneiden. Rosinen mit heißem Wasser waschen und im Sieb abtropfen lassen. Vorbereitete Zutaten mit Zucker in einem Topf mischen und über Nacht durchziehen lassen.

2. Essig zugeben und das Ganze 45–60 Minuten bei geringer Hitze kochen lassen. Dabei ab und zu umrühren. Das Salz etwa 5 Minuten vor Ende der Kochzeit unterrühren. Heißes Chutney in Gläser füllen.

Mango-Chutney ist eine köstliche Beilage zu Geflügelfleisch, es ist aber auch zu Meeresfrüchten empfehlenswert.

Mein Tipp:

Apfel-Chutney

Fällt die Apfelernte gut und reichlich aus, sollte man sich einen Vorrat anlegen. Am besten schmecken Äpfel wie Boskop oder Jonagold. Sie liefern auch die meisten Vitamine und Mineralstoffe.

1. Äpfel schälen, entkernen und in dünne Scheiben schneiden. Zwiebeln und Knoblauch abziehen und fein hacken. Äpfel, Zwiebeln und Knoblauch in einen großen Topf geben. Essig, Zucker, Senfpulver, Ingwer und Cayennepfeffer zugeben und alles bei schwacher Hitze 1 Stunde köcheln lassen. Ab und zu umrühren.

2. Sultaninen zugeben und nochmals 15 Minuten köcheln lassen. Das Chutney sofort in Gläser füllen.

Passt prima zu Fondue, aber auch zu weihnachtlichem Geflügelbraten. Auch Reste vom Sonntagsbraten lassen sich mit dem Apfel-Chutney geschmacklich verfeinern.

Mein Tipp:

(für 3 Gläser à 375 ml)

- **1 kg säuerliche Äpfel**
- **250 g Zwiebeln**
- **1 Knoblauchzehe**
- **⅜ l Weinessig**
- **½ kg Zucker**
- **3 EL Senfpulver**
- **2 EL gemahlener Ingwer**
- **1 TL Cayennepfeffer**
- **250 g Sultaninen**

Aprikosen-Chutney

Aprikosen sind bekannt für ihren hohen Betakarotin- und Vitamin-C-Gehalt. Wer sie frisch nicht so gern mag, für den ist dieses Chutney ideal, um den herrlichen Geschmack der Früchte zu genießen.

1. Aprikosen waschen, halbieren und entsteinen. Zwiebeln abziehen und fein hacken.

2. Zwiebeln in Öl anbraten, Aprikosen und restliche Zutaten zugeben und 45 Minuten köcheln lassen. Eingedicktes Chutney in Gläser füllen.

Alternativ kann man Pfirsiche oder Nektarinen verwenden. Auch Mango- oder Papayafruchtfleisch kann man mitköcheln lassen.

Mein Tipp:

(für 3–4 Gläser à 375 ml)

- **1 kg Aprikosen**
- **250 g Zwiebeln**
- **3 EL Öl**
- **250 g brauner Zucker**
- **¼ l Weißwein**
- **½ TL Estragonessig**
- **je 1 TL Ingwerpulver und Senfpulver**
- **1 Chilischote**

Kürbismus

(für 5 Gläser à 200 ml)

- ½ kg Kürbisfleisch
- ¼ l Kokosmilch
- 1 kg Gelierzucker 1 : 1
- 1 Päckchen Zitronensäure

1. Kürbisfruchtfleisch klein schneiden und mit Kokosmilch zum Kochen bringen, etwa 10 Minuten unter gelegentlichem Rühren weich garen.

2. Kürbis fein pürieren, Gelierzucker und Zitronensäure unterrühren und erneut zum Kochen bringen. 5 Minuten unter Rühren sprudelnd kochen lassen, dann sofort in Gläser füllen.

Mein Tipp:

Rhabarber-Chutney

Rhabarber und Erdbeeren passen so gut zusammen, dass es sich lohnt, nicht nur Konfitüre zuzubereiten. Dieses Chutney passt hervorragend zu Gegrilltem.

(für 5 Gläser à 200 ml)

- ½ kg Rhabarber
- 200 g Erdbeeren
- 400 g Zwiebeln
- 800 g brauner Zucker
- ¼ l Weißweinessig
- 1 TL Salz
- 1 TL gemahlener Koriander
- ¼ TL Nelkenpulver

1. Rhabarber waschen, Haut abziehen und in Stücke schneiden. Erdbeeren waschen, entstielen und vierteln. Zwiebeln abziehen und klein hacken.

2. Rhabarber, Erdbeeren und Zwiebeln mit Zucker, Essig und Gewürzen in einen großen Topf geben und zum Kochen bringen. 1–2 Stunden bei mittlerer Hitze einkochen lassen. Immer wieder umrühren. Das Chutney heiß in Gläser füllen.

Indisch scharf-würzig wird das Chutney, wenn man einige geschälte Knoblauchzehen, 1 Teelöffel Cayennepfeffer, 2 Teelöffel Ingwerpulver, etwas frisch geriebene Muskatnuss und 50 Gramm Mandelblättchen unterrührt und mitköchelt. Dann Nelken, Salz und Koriander weglassen.

Mein Tipp:

Ananas-Chutney

Kolumbus brachte die aromatische Ananas 1493 nach Europa. Neben Vitamin C und Folsäure liefert die exotische Frucht das Eiweiß spaltende Enzym Bromelin. Es wirkt verdauungsfördernd.

(für 3 Gläser à 375 ml)

- **½ kg Ananas**
- **150 g Zwiebeln**
- **40 g eingelegte Ingwerwurzel**
- **200 g Rosinen**
- **⅛ l Weinessig**
- **200 ml Ananassaft**
- **250 g Gelierzucker 2 : 1**
- **2 TL Curry**
- **1 TL Salz**
- **1 TL Cayennepfeffer**
- **½ TL Paprika, rosenscharf**

1. Strunk von der Ananas schneiden. Ananas vierteln und die holzige Mitte herausschneiden. Ananas schälen, Fruchtfleisch klein schneiden. Zwiebeln abziehen und fein hacken. Ingwer fein würfeln.

2. Ananas, Zwiebeln und Ingwer in einen großen Topf geben. Rosinen, Essig, Saft, Zucker und Curry unterrühren. Unter Rühren zum Kochen bringen und 5 Minuten kochen lassen, ab und zu umrühren.

3. Chutney mit Salz, Cayennepfeffer und Paprika würzen. Heiß in Gläser füllen.

Das Ananas-Chutney bereichert alle süßsauren Gerichte, schmeckt aber auch hervorragend zu Meeresfrüchten, Ente und Schweinefleisch.

Mein Tipp:

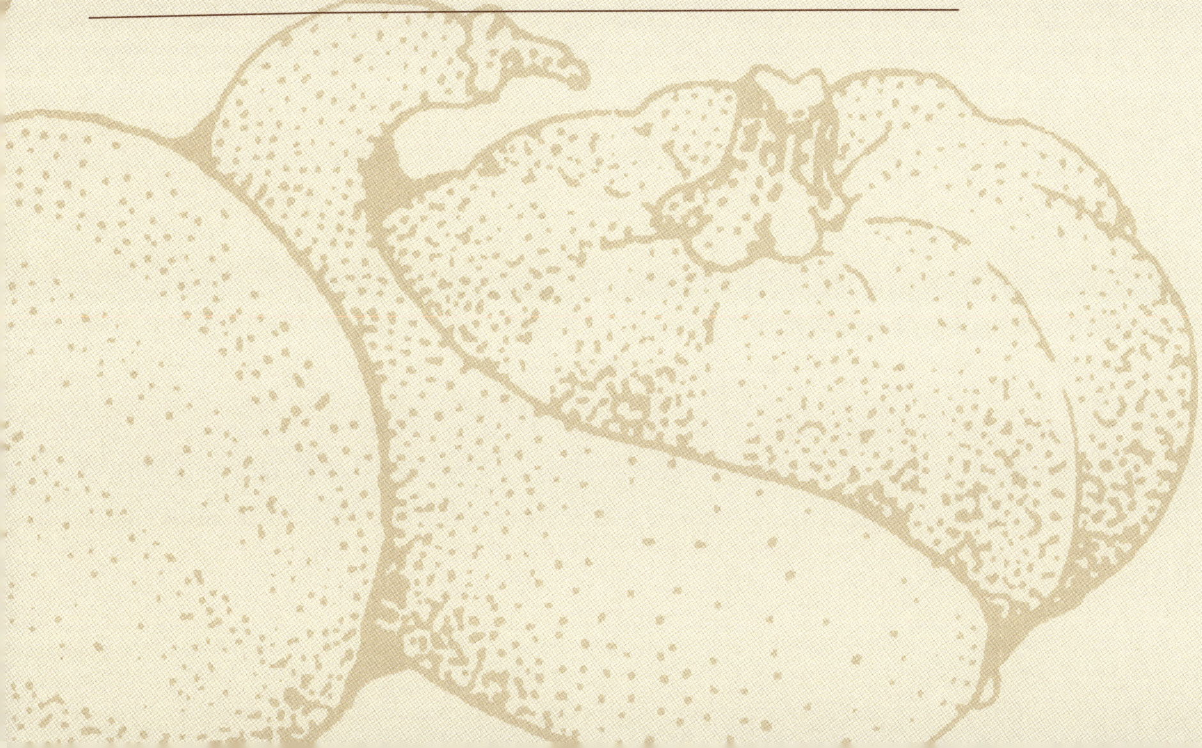

Melonen-Chutney

Das süß-saftige Fruchtfleisch der Honigmelone harmoniert vorzüglich mit Portwein oder Sherry.

(für 3 Gläser à 200 ml)

- **350 g Honigmelonenfruchtfleisch**
- **½ Knoblauchzehe**
- **½ kleine Chilischote**
- **2 EL Olivenöl**
- **½ TL Curry**
- **100 ml Orangensaft (frisch gepresst)**
- **4 EL Weißwein**
- **2 EL Portwein**
- **3 EL Balsamico-Essig**
- **Salz**
- **100 g Salatgurke**
- **1 Estragonzweig**

1. Melonenfruchtfleisch in 1 Zentimeter große Würfel schneiden. Knoblauch abziehen und fein hacken. Chili waschen, halbieren, entkernen und hacken. Knoblauch und Chili in Öl leicht erhitzen, zuerst Curry, dann Honigmelone zugeben und dünsten, bis die Melonenwürfel glasig sind. Orangensaft, Weißwein, Portwein und Essig zugeben. So lange köcheln, bis eine dickflüssige Masse entstanden ist. Mit Salz abschmecken und abkühlen lassen.

2. Gurke waschen, schälen, längs halbieren, entkernen und das Fruchtfleisch sehr fein würfeln. Estragon waschen, Blätter abzupfen und fein schneiden. Mit der Gurke unter die Melonenmasse mischen. Eventuell nochmals mit Salz abschmecken.

Wer mag, kann den Estragon durch frische Minze ersetzen oder noch etwas Ingwer zugeben. Melonen-Chutney schmeckt lecker zu Braten und frischem Baguette. Im Kühlschrank ist es einige Wochen haltbar.

Mein Tipp:

Kumquat-Ingwer-Chutney

Der Baum der Kumquatfrucht stammt ursprünglich aus China. Die »goldene Orange« ist reich an Vitamin C und hat angenehm säuerlich schmeckendes Fruchtfleisch. Kurkuma (Gelbwurz) ist in Indien eines der wichtigsten Gewürze für die Zubereitung von Chutneys.

(für 2–3 Gläser à 200 ml)

- **1 kg Kumquats**
- **1 Zwiebel**
- **3 Knoblauchzehen**
- **1 Stück Ingwer**
- **100 g Zucker**
- **⅛ l Branntweinessig**
- **2 EL Chilisoße**
- **1 EL Kurkuma**

1. Kumquats schälen und das Fruchtfleisch klein schneiden. Zwiebel abziehen und würfeln, Ingwer schälen. Alle Zutaten in einen Topf geben und zum Kochen bringen.

2. Unter Rühren etwa 25 Minuten dickflüssig einkochen. Chutney in Gläser füllen und diese sofort fest verschließen.

Mein Tipp:

Cranberry-Chutney

Die knackigen Beeren, dreimal so groß wie unsere Preiselbeeren, liefern viel Vitamin C, Ballast- und Gerbstoffe. Die stärken das Immunsystem und sind gut gegen Entzündungen. 125 Gramm haben nur 40 Kalorien.

(für 2–3 Gläser à 200 ml)

- **2 unbehandelte Orangen**
- **½ l Orangensaft (frisch gepresst)**
- **½ kg Gelierzucker**
- **½ kg Cranberrys**

1. Orangen heiß abwaschen, dünne Schalenstreifen mit einem Zestenreißer oder Sparschäler abziehen. Orangen schälen, filetieren und das Fruchtfleisch klein schneiden.

2. Orangensaft und Gelierzucker in einen Topf geben und aufkochen, die gewaschenen Cranberrys zugeben, 5 Minuten köcheln, dann die Orangenstücke und Schalenstreifen zugeben, noch einmal 5 Minuten köcheln lassen. Chutney in Gläser füllen und diese verschließen.

Das Cranberry-Chutney schmeckt sehr gut zu gebratener Gans oder Wild.

Mein Tipp:

Feigen-Rosinen-Chutney

Trotz des Essigs ist dieses Chutney eher etwas für »Süßmäuler«. Wer es weniger süß mag, sollte die Zugabe von Zucker reduzieren.

(für 3 Gläser à 200 ml)

- **4 Zwiebeln**
- **½ kg Feigen**
- **1 Stück Ingwer**
- **200 g brauner Zucker**
- **1 TL Salz, 1 TL Pfeffer**
- **100 g Rosinen**
- **1 EL Senfkörner**
- **¼ l Rotweinessig**
- **eventuell 1 Päckchen Einmachhilfe**

1. Zwiebeln schälen und fein hacken. Feigen abbrausen, trockentupfen und in Würfel schneiden. Ingwer schälen und klein schneiden.

2. Alle Zutaten in einen Topf geben und mischen. Unter Rühren aufkochen und etwa 20–30 Minuten köcheln lassen, bis die Masse eingedickt ist. Zum Schluss eventuell Einmachhilfe unterrühren. In Gläser füllen und diese verschließen.

Mein Tipp:

Preiselbeer-Chutney

(für 4–5 Gläser à 200 ml)

- **½ kg rote Zwiebeln**
- **1½ kg Preiselbeeren (frisch oder tiefgekühlt)**
- **400 g brauner Zucker**
- **80 ml Essigessenz**
- **¼ l Rotwein**
- **100 ml Crème de Cassis**
- **2 TL Meersalz**
- **1 TL Cayennepfeffer**

1. Zwiebeln schälen und fein würfeln, frische Preiselbeeren putzen, waschen und abtropfen lassen.

2. Alle Zutaten in einen Topf geben und bei mittlerer Hitze 45 Minuten einköcheln lassen, bis die Masse dickflüssig wird.

3. Chutney einfüllen und Gläser sofort verschließen.

Dieses Chutney passt besonders gut zu gebratenem Fleisch, wie Steak, Chateaubriand oder Entrecôte.

Mein Tipp:

Stachelbeer-Chutney

Das fruchtige Chutney mit leichter Kümmelnote bereichert jedes Fondue oder Raclette. Am besten schmecken die leicht rötlich gefärbten Beeren.

(für 4–5 Gläser à 200 ml)

- **1 kg Stachelbeeren**
- **1 TL Kümmel**
- **2 Knoblauchzehen**
- **1 TL Salz**
- **¼ l Weinessig**
- **½ kg Zucker**
- **½ TL Ingwerpulver**
- **1 Msp. Nelkenpulver**
- **1 Msp. Zimt**
- **1 Msp. Pfeffer**

1. Stachelbeeren putzen und waschen.

2. Kümmel mit einer Tasse kochendem Wasser übergießen und einige Minuten ziehen lassen. In ein Sieb geben, Wasser dabei auffangen. Knoblauch abziehen und mit dem Salz zerdrücken.

3. Essig in einen Topf geben und erhitzen, den Zucker darin auflösen, vorbereitete Stachelbeeren zufügen, außerdem das Kümmelwasser, den Knoblauch und die übrigen Gewürze zufügen. Alles unter Rühren etwa 20 Minuten köcheln und eindicken lassen. Chutney in Gläser füllen und diese fest verschließen.

Mein Tipp:

Paprika-Chutney

Dieses feurige Paprika-Chutney passt hervorragend zu gegrilltem Fleisch. Der ideale Begleiter für die Grillsaison.

(für 2–3 Gläser à 200 ml)

- **½ kg Gemüsezwiebeln**
- **je 1 rote und grüne Paprikaschote**
- **3 Knoblauchzehen**
- **1 TL Salz**
- **2 Chilischoten**
- **⅛ l Weißweinessig**
- **250 g Gelierzucker 1 : 2**
- **1 TL Curry**
- **1 EL Weinbrand**
- **2 EL Schnittlauchröllchen**

1. Zwiebeln schälen, Paprika halbieren, putzen und waschen. Zwiebeln und Paprika würfeln. Knoblauch abziehen und mit Salz zerdrücken. Chilis waschen, längs halbieren, entkernen und fein zerschneiden.

2. Zwiebel, Paprika, Knoblauch und Chilis in einen großen Topf geben. Essig, Zucker und Curry unterrühren. Unter Rühren zum Kochen bringen und unter Rühren etwa 10 Minuten köcheln lassen.

3. Weinbrand und Schnittlauch untermengen. Chutney in Gläser füllen und diese fest verschließen.

Mein Tipp:

Brombeer-Schalotten-Relish

(für 2–3 Gläser à 200 ml)

- 250 g Schalotten
- ½ kg frische Brombeeren
- etwas Pflanzenöl zum Braten
- 250 g Zucker
- 300 ml Apfelessig
- frisch gemahlener schwarzer Pfeffer
- 1 TL Kreuzkümmel (Cumin)
- 1 TL Zimt
- 1 Bd. Basilikum

1. Schalotten schälen und sehr fein hacken. Die Brombeeren verlesen und kurz waschen. Im Sieb abtropfen lassen.

2. Öl erhitzen und Schalotten darin glasig dünsten. Brombeeren, Zucker und 250 Milliliter Apfelessig zugeben. Mit Pfeffer, Kreuzkümmel und Zimt würzen und bei geringer Hitzezufuhr so lange kochen lassen, bis das Ganze eingedickt ist.

3. Basilikum waschen, Blättchen von den Stängeln zupfen und fein hacken. Unter das Relish rühren und dieses noch einmal kurz erhitzen. Den restlichen Essig unterrühren. Relish in Gläser füllen und diese sofort verschließen.

Dieses Relish passt besonders gut zu Wildgerichten und Geflügel.

Mein Tipp:

Rote-Bete-Relish

Die Rote Bete ist ein »Powerpaket«: Sie liefert wertvolle Vitamine und Mineralstoffe. Darüber hinaus enthält ihr Fleisch sekundäre Pflanzenstoffe, die das Krebswachstum hemmen sollen.

(für 2–3 Gläser à 200 ml)

- ½ kg Rote Bete
- 2 EL rote Zwiebeln
- 2 EL Rotweinessig
- 1 TL Zucker
- 2 EL Senf
- 3 EL Pflanzenöl
- Salz, Pfeffer

1. Rote Bete waschen und etwa 1 Stunde in Wasser garen. In ein Sieb geben, abkühlen lassen und schälen. Rote Bete in feine Würfel schneiden. Zwiebeln schälen und fein hacken.

2. Rote Bete, Zwiebeln und alle übrigen Zutaten in eine fest verschließbare Schüssel geben und gut mischen. Kühl stellen.

Mein Tipp:

Gemüse-Relish

(für 3 Gläser à 375 ml)

- 800 g gemischte Paprikaschoten
- ½ kg grüne Bohnen
- ½ kg Zwiebeln
- ½ kg Tomaten
- 10 Knoblauchzehen
- 300 g Gelierzucker
- 300 ml Weinessig
- 2 Lorbeerblätter
- 2 TL Koriander
- 1 TL Fenchelsamen
- 1 Chilischote
- Meersalz

1. Paprika waschen, entkernen und in Stücke schneiden. Paprika mit der Haut nach oben auf ein Backblech legen und im vorgeheizten Backofen bei 250 Grad dunkelbraun rösten. Paprika kurz in eiskaltes Wasser legen und die Haut abziehen. Paprika in kleine Würfel schneiden.

2. Bohnen waschen, eventuell entfädeln und in ½ Zentimeter kleine Stücke schneiden. Zwiebeln schälen und fein hacken. Tomaten enthäuten und in kleine Würfel schneiden. Knoblauch schälen und fein hacken oder reiben.

3. Alle Zutaten in einen großen Topf geben und zum Kochen bringen. Etwa 90 Minuten köcheln lassen, bis die Masse eingedickt ist. Ab und zu umrühren. Heißes Relish in Gläser füllen.

Gemüsepaprika wird durch Köcheln süßer. Ihm wird eine Reihe heilender Eigenschaften nachgesagt. So gilt er als gutes Magenmittel und ist verdauungsanregend.

Mein Tipp:

Möhren-Kohlrabi-Relish

(für 6 Gläser à 200 ml)

- **400 g Möhren**
- **400 g Kohlrabi**
- **1 Bd. Frühlingszwiebeln**
- **100 g Orangenfilets**
- **200 ml Sherryessig**
- **350 ml Orangensaft**
- **250 g Gelierzucker 1 : 3**
- **1 TL Senfkörner**
- **1 Msp. gemahlene Nelken**
- **Salz, Pfeffer und Paprika nach Geschmack**

1. Möhren und Kohlrabi waschen, schälen und fein würfeln. Frühlingszwiebeln putzen, waschen, längs halbieren und in feine Ringe schneiden.

2. Gemüse und Orangenfruchtfleisch mit Essig, Orangensaft, Zucker, Senfkörnern und Nelken in einen großen Topf geben. Zum Kochen bringen und unter Rühren 10 Minuten kochen lassen.

3. Relish mit Salz, Pfeffer und Paprika abschmecken. Ein Viertel davon pürieren. Unter Rühren alles zusammen noch einmal aufkochen. Relish sofort in Gläser füllen.

Das Relish passt zu kurz gebratenem Schweinefleisch oder zu Kasseler. Wer mag, kann die Nelken durch Kurkuma ersetzen.

Mein Tipp:

Fenchel-Apfel-Relish

(für 4 Gläser à 200 ml)

- **200 g Sauerkirschen**
- **200 g Fenchelknolle**
- **200 g Äpfel**
- **1 kleine Dose Gemüsemais**
- **⅛ l Rotweinessig**
- **200 ml Apfelsaft**
- **250 g Gelierzucker 1 : 2**
- **Salz**
- **Cayennepfeffer**

1. Kirschen waschen, entstielen, entsteinen und halbieren. Fenchel putzen, waschen und fein würfeln. Äpfel schälen, vierteln, entkernen und in kleine Stücke schneiden. Mais in einem Sieb abtropfen lassen.

2. Obst und Gemüse mit Essig, Apfelsaft und Zucker in einen Topf geben. Unter Rühren zum Kochen bringen und 5 Minuten unter Rühren köcheln lassen.

3. Relish mit Salz und Pfeffer abschmecken, in Gläser füllen und diese fest verschließen.

Mein Tipp:

Tomatenketchup

Ketchup stammt eigentlich aus Ostindien. Ein deutschstämmiger Siedler in Pittsburgh machte ihn im 19. Jahrhundert zu dem, was er heute ist, nämlich eine süßsauer abgeschmeckte Tomatensoße. Von den USA über England verbreitete sich Ketchup in ganz Europa. Hier handelt es sich um ein scharfes Ketchup.

(für 7–8 Gläser à 200 ml)

- **2½ kg Fleisch- oder Flaschentomaten**
- **½ kg Zwiebeln**
- **40 g Salz**
- **1 gestrichener EL Paprikapulver, edelsüß**
- **je 1 gestrichener TL Cayennepfeffer, schwarzer Pfeffer, Oregano und Kerbel**
- **8 Gewürznelken**
- **4 Lorbeerblätter**
- **⅛ l Rotweinessig**
- **⅛ l Obstessig**
- **250 g Gelierzucker 1 : 2**

1. Tomaten waschen, Stängelansätze herausschneiden und Tomaten grob zerkleinern. Zwiebeln schälen und klein schneiden.

2. Tomaten und Zwiebeln in einen großen Topf geben. Gewürze und beide Essigsorten unterrühren. Zum Kochen bringen und unter Rühren etwa 45 Minuten kochen lassen.

3. Tomatenmasse anschließend durch ein Sieb in einen sauberen Topf passieren. Weitere 10 Minuten unter gelegentlichem Rühren köcheln lassen. Zucker unterrühren und 5 Minuten sprudelnd kochen lassen.

4. Ketchup abschmecken, eventuell nachwürzen. Sofort in Gläser füllen.

Ketchup spritzt beim Einkochen sehr, deshalb sollte man einen hohen Topf nehmen und diesen mit einem Spritzschutz abdecken. Unabdingbar für das Gelingen sind vollreife aromatische Tomaten.

Mein Tipp:

Mediterranes Relish

Mit diesem mediterranen Relish kommen Erinnerungen an den Urlaub in südlichen Gefilden zurück. Eine Beilage zu Fleisch- und Fischgerichten – ein Ersatz für Ratatouille.

(für 4 Gläser à 200 ml)

- **je 100 g rote, grüne und gelbe Paprikaschoten**
- **300 g Tomaten**
- **200 g Auberginen**
- **200 g Zucchini**
- **3 Knoblauchzehen**
- **1 EL Tomatenmark**
- **¼ l Weißwein**
- **50 ml Weißweinessig**
- **250 g Gelierzucker 1 : 2**
- **Salz, Cayennepfeffer**
- **gerebelter Thymian**
- **gerebelter Oregano**

1. Paprika halbieren, putzen, waschen und fein würfeln. Tomaten enthäuten und würfeln. Auberginen und Zucchini waschen, Enden abschneiden und Fruchtfleisch in Würfel schneiden. Knoblauch abziehen und durch eine Presse drücken.

2. Paprika, Tomaten, Auberginen, Zucchini und Knoblauch mit Tomatenmark, Wein, Essig und Zucker in einen großen Topf geben. Unter Rühren aufkochen und 5 Minuten kochen lassen, ab und zu umrühren.

3. Relish mit Salz, Cayennepfeffer, Thymian und Oregano abschmecken und in Gläser füllen, diese sofort fest verschließen.

Mein Tipp:

Amerikanisches Relish

Porree hat ein feines mild-süßes Aroma. Er liefert sehr viel Folsäure und Eisen. Schon in der Bibel findet das gesunde Lauchgemüse Erwähnung.

(für 6 Gläser à 200 ml)

- **400 g Auberginen**
- **400 g rote Paprikaschoten**
- **200 g Porree**
- **200 ml Kräuteressig**
- **¼ l trockener Weißwein**
- **250 g Gelierzucker 1 : 2**
- **1 TL Senfkörner**
- **Salz, Pfeffer**
- **Paprikapulver, rosenscharf**
- **gerebeltes Basilikum**

1. Aubergine waschen, Enden abschneiden und Fruchtfleisch fein würfeln. Paprika halbieren, putzen und ebenfalls in Würfel schneiden. Porree putzen, waschen, längs vierteln und sehr klein schneiden.

2. Gemüse mit Essig, Wein, Zucker und Senfkörnern in einen Topf geben. Zum Kochen bringen und unter Rühren 5 Minuten köcheln lassen.

3. Relish mit den Gewürzen und Basilikum abschmecken und in Gläser füllen, diese sofort verschließen.

Mein Tipp:

Kürbissoße

Eine Alternative zu Ketchup ist diese leckere Kürbissoße. Wer mag, kann etwas geriebenen Ingwer unterrühren. Kürbisketchup passt gut zu allen gebratenen und gegrillten Gerichten.

(für 3 Flaschen à 500 ml)

1 kg Kürbisfleisch

½ l Apfelessig

400 g Gelierzucker

2 TL Lebkuchengewürz

2 TL Cayennepfeffer

1 TL geriebene Zitronenschale

1. Kürbisfleisch klein schneiden, mit dem Essig in einen großen Topf geben und etwa 20 Minuten kochen lassen. Anschließend pürieren und wieder in den Topf geben.

2. Gelierzucker und Gewürze unterrühren und das Ganze unter Rühren erhitzen. Noch weitere 10 Minuten kochen und dann das heiße Ketchup in die Flaschen füllen und diese verschließen.

Mein Tipp:

Erdbeersoße

Ein richtiges Allroundtalent: Die kalte Erdbeersoße passt zu Eis, Desserts und Milchshakes. Sie eignet sich auch für die Zubereitung von Cremes und Quarkspeisen.

(für 3–4 Gläser à 200 ml)

1 kg Erdbeeren

1 kg Gelierzucker

1. Erdbeeren waschen, entstielen und abtropfen lassen. Erdbeeren in der Küchenmaschine pürieren, anschließend den Zucker so lange unterrühren, bis die Fruchtmasse eindickt.

2. Erdbeersoße in Gläser füllen und diese sofort verschließen. An einem kühlen Ort hält sich die Soße mehrere Monate.

Mein Tipp:

Salziger Genuss

Lebensmittel werden hier haltbar gemacht, indem das Salz ihnen das Wasser entzieht. Und ohne Wasser haben Fäulnisbakterien und Schimmelbildung keine Chance.

Darauf sollten Sie achten:

- **Egal, ob** Sie Kräuter, Gemüse oder Zitrusfrüchte mit Salz konservieren wollen: Sie sollten von guter Qualität sein, aus biologischem Anbau oder aus dem eigenen Garten stammen!

- **Gläser mit** Schraubdeckeln oder Bügelverschlüssen eignen sich ebenso gut wie Steinguttöpfe.

- **Bevor man** nasssalzen kann, muss man sich eine Salzlake herstellen. Man verwendet dazu das Anderthalbfache an Wasser zum Fischgewicht. Das heißt: Für 1 Kilogramm Fisch benötigt man 1½ Liter Wasser. Dem Wasser fügt man pro Liter 50 bis 70 Gramm Salz hinzu und verrührt es gut. Dann wird der Fisch darin etwa 12 Stunden eingelegt. Danach wird der Fisch entnommen und mit klarem Wasser gut abgespült und zum Trocknen aufgehängt.

- **Nehmen Sie** nur hochwertiges Speisesalz – die Qualität des Salzes ist für den Geschmack und den Konservierungsvorgang wichtig.

Kräuter einsalzen

Salz ist eines der ältesten Konservierungsmittel und hilft beim Haltbarmachen von Kräuterwürzen. Früher war es so wertvoll, dass man es mit Gold aufwog. Ob Sie sich für Meersalz oder ein Salz aus der Saline entscheiden, ist eine Geschmacksfrage. Beide eignen sich zum Konservieren. Meist ist jedoch Meersalz aromatischer, besonders wenn es aus der französischen Bretagne, Guèrande oder der Camargue kommt.

Praktisch sieht das Einsalzen so aus:

- **Frische Kräuter** waschen, trockentupfen, klein schneiden und mit dem Salz mischen. Für 200 Gramm Kräuter braucht man 30 Gramm Salz.

EINSALZE

- **Die Mischung** anschließend in kleine Schraubgläser füllen, fest eindrücken und kühl aufbewahren.

- **Wichtig ist,** die Gläser zuvor gründlich zu reinigen und auszutrocknen sowie die Kräuter eng zu schichten.

- **Feuchtigkeit** beeinträchtigt die Haltbarkeit.

- **Wenn Sie** die Salzkräuter dunkel und kühl lagern, dann halten sie sich über mehrere Monate. Zwischendurch kleine Portionen zu entnehmen, ist kein Problem, wenn Sie die Gläser immer wieder gut verschließen.

- **Diese Methode** eignet sich übrigens für die meisten Kräuter. Zur Wahl stehen Basilikum, Borretsch, Dill, Kerbel, Liebstöckel, Petersilie, Rosmarin, Schnittlauch, Thymian und Zitronenmelisse oder eine Mischung daraus.

Gemüse salzen

In Salz eingelegte Scheiben von Wurzelgemüse, gemischt mit Kräutern, verwendet man als Pasten für Suppen und Soßen, dabei sollte das Gericht noch nicht gesalzen sein.

Darauf sollten Sie achten:

- **Kräuter und** Gemüse zuerst waschen, putzen und trocknen.

- **Dann schichtet** man das fein zerkleinerte Gemüse fest in Behälter oder Gläser. Nach jeder Gemüseschicht streut man Salz darüber.

- **Beim Salzen** von Gemüse gilt folgendes Verhältnis: ⅓ Salz und ⅔ Kräuter oder Gemüse.

- **Das eingesalzene** Gemüse muss vor dem Verzehr oder der Weiterverarbeitung gut gewaschen werden.

N UND PÖKELN

Marokkanische Zitronen

Sie passen zu allen Fleischgerichten. Einfach die Zitronen in den Rezepten austauschen. Die Speisen dann aber nicht mehr salzen!

Zutaten für 2 Gläser à 500 ml:
- **8 unbehandelte dünnschalige Zitronen**
- **etwa 100 g Salz, kochendes Wasser**

1. Zitronen unter fließendem Wasser sehr gut waschen. In ein großes Gefäß legen und mit Wasser bedecken. Die Zitronen 2 Tage im Wasser liegen lassen, wobei das Wasser täglich gewechselt werden muss.

2. Nach 2 Tagen Zitronen längs bis zum Fruchtfleisch einschneiden. Dabei von oben und unten je 1 Zentimeter nicht einschneiden. Sie müssen noch gut zusammenhalten. In jede Zitronenspalte Salz geben.

3. Zitronen in die Einmachgläser legen, mit je 2 Teelöffel Salz bestreuen und mit kochendem Wasser übergießen, bis sie ganz bedeckt sind. Gläser verschießen und vor dem Verzehr mindestens 3 Wochen an einem kühlen Ort stehen lassen.

Matjes

Matjes ist ein mild gesalzener Hering. Der Begriff »Matjeshering« ist von der niederländischen Bezeichnung »maagdekensharing« abgeleitet und bedeutet Mägdleinshering oder Jungfernhering.

Zutaten:
- **1 kg Matjesheringe**
- **30 g Salz, 1 l Wasser**

1. Von den Matjesheringen die Haut abziehen. Kopf abschneiden, Mittelgräte anpacken und herausziehen, Innereien entfernen und filetieren. Heringe unter fließend kaltem Wasser waschen und trockentupfen.

2. Aus 1 Liter Wasser und 30 Gramm Salz eine Salzlake herstellen, die Heringsfilets darin einlegen. Vor dem Verzehr im Kühlschrank einige Tage durchziehen lassen.

EINSALZE

Corned Beef

Selbst gemachtes Corned Beef schmeckt gut zu Bratkartoffeln. Im Kühlschrank hält es sich 1–2 Wochen.

Zutaten für 4 Portionen:

- **1 kg Rindfleisch, 25 g Nitritpökelsalz**
- **etwas Wasser, 2 Stangen Porree**
- **1 Zwiebel, 1 kleiner Knollensellerie**
- **250 g Speckschwarte, 2 Päckchen gemahlene Gelatine**
- **etwas kalter Gemüsefond, 1 Prise Muskatnuss**
- **¼ l Gemüsebrühe, etwas Salz, Pfeffer**

1. Rindfleisch unter fließend kaltem Wasser abspülen, trockentupfen und in Streifen schneiden. Fleisch in einen Topf legen, mit Pökelsalz bestreuen und nur so viel Wasser zugeben, dass es knapp bedeckt ist.

2. Porree waschen, längs halbieren und klein schneiden. Zwiebel schälen und klein schneiden. Sellerie schälen und in Würfel schneiden. Gemüse zum Fleisch geben. Etwa 2 Stunden bei schwacher Hitze kochen lassen.

3. Fleisch herausnehmen, abkühlen lassen und durch den Fleischwolf drehen. Schwarten in einen Topf geben und 30 Minuten köcheln lassen. Die abgekühlten Schwarten auch durch den Fleischwolf drehen.

4. Gelatine mit etwas kaltem Gemüsefond verrühren und quellen lassen. Dann in der heißen Brühe auflösen. Fleisch und Schwarten zugeben, mit den Gewürzen abschmecken. In Gläser füllen und bei 98 Grad 1 Stunde im Dampfkochtopf einkochen.

N UND PÖKELN

Früchte in Alkohol einlegen

Beschwipste Delikatessen

Das Einlegen in Alkohol gehört zu den beliebtesten und auch zu den einfachsten Konservierungstechniken, insbesondere wenn dabei aus saftigen Früchten aromatische Rumtöpfe oder Liköre hergestellt werden.

Alkohol wirkt in Verbindung mit Zucker konservierend, weil er das Wachstum von Bakterien, Hefen oder Schimmelpilzen hemmt. Er macht aus frischen Früchten wohlschmeckende und vielseitig verwendbare Delikatessen.

Darauf sollten Sie achten:

- Damit das Obst optimal eingelegt wird, sollte die Alkoholkonzentration zwischen 14 und 20 Prozent liegen. Unter diesen Prozentwerten würde das Eingelegte gären, über diesen Werten könnte es verhärten, da dem Eingelegten Wasser entzogen wird.
- Zum Einlegen eignen sich: Kognak, Rum, Weinbrand, Wodka und Arrak. Verwenden Sie nur Alkoholsorten bester Qualität.
- Die Früchte müssen je nach Größe und Art ungefähr 1 bis 3 Monate ziehen. Das eingelegte Obst hält sich in der Regel 1 Jahr.

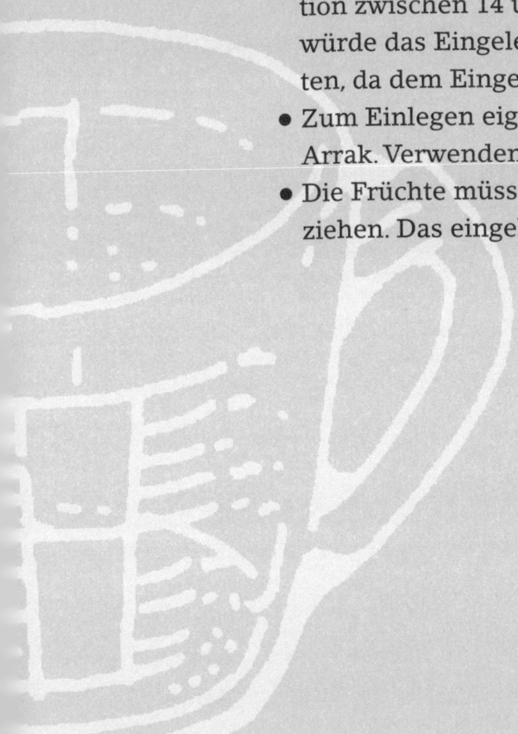

Traditioneller Rumtopf

Alle Früchte, die vom Frühjahr bis zum Herbst reifen, werden nacheinander in den Rumtopf – einen großen Topf mit Deckel aus Steingut, Keramik oder Porzellan – eingelegt.

Obst, etwa Erdbeeren, Aprikosen, Pfirsiche, Himbeeren, Kirschen, Pflaumen, Birnen

Zucker nach Bedarf (auf ½ kg Früchte kommen 250 g Zucker)

Rum (54%)

1. Obst gründlich waschen beziehungsweise verlesen und bei Bedarf klein schneiden. In den Topf gegeben und mit Zucker bestreuen. So viel Rum darüber gießen, dass die Früchte vollständig bedeckt sind. ½ Liter Rum reicht etwa für 3–4 Kilogramm Früchte.

2. Vor dem Nachfüllen und zwischendurch mit einem sauberen Löffel umrühren. Die Früchte müssen immer von Flüssigkeit bedeckt sein. Bei Bedarf Rum nachgießen.

3. Je länger die Rumtopf-Früchte reifen, um so besser schmecken sie. Wenn die letzte Obstschicht eingelegt ist, sollte man vor dem ersten Genuss die Früchte noch einmal 4 Wochen durchziehen lassen.

Mein Tipp: ______________________

Trauben in Whisky

Die eingelegten Trauben passen sehr gut zu Eis oder leichten Dessertcremes.

(für 2 Gläser à 200 ml)

- **300 g grüne kernlose Weintrauben**
- **125 g brauner Kandiszucker**
- **2 Pimentkörner**
- **1 Flasche Whisky (700 ml)**
- **2 EL Orangenlikör (etwa Cointreau)**

1. Weintrauben waschen, trockentupfen und in die Gläser legen. Kandiszucker darüber streuen und Pimentkörner zugeben. Whisky und Orangenlikör in einem Topf mischen.

2. Alkohol über die Trauben gießen, die Früchte müssen vollständig bedeckt sein. Gläser fest verschließen.

Weintrauben vor dem Verzehr mindestens 3 Wochen durchziehen lassen.

Mein Tipp:

Ananas in Kirschwasser

Die in Kirschwasser eingelegte Ananas ist mit etwas geschlagener Sahne als Dessert ein absoluter Hochgenuss.

(für 5 Gläser à 375 ml)

- **4–5 Babyananas**
- **5 Zimtstangen**
- **5 Streifen ungespritzte Orangenschale**
- **300–500 g feiner Kandiszucker**
- **5–6 Bittermandeln nach Belieben**
- **1 l Kirschwasser**

1. Von den Ananas den Strunk entfernen. Ananas schälen und das Fruchtfleisch in 1 Zentimeter dicke Scheiben schneiden. Ananasscheiben in die Gläser legen.

2. Zimtstangen und Orangenschale zugeben, Zucker darüber streuen. Nach Belieben Bittermandeln blanchieren, schälen und ebenfalls in die Gläser geben. Kirschwasser darüber gießen. Gläser fest verschließen.

Vor dem Verzehr die Gläser 2–3 Monate an einem dunklen kühlen Ort ruhen lassen. Ab und zu schütteln, damit der Zucker sich auflöst. Ananas in Kirschwasser hält sich mindestens 2 Jahre.

Mein Tipp:

Wein-Birnen

Ein idealer Begleiter zu Wildgerichten, aber auch pur eine Köstlichkeit.

(für 2 Gläser à 500 ml)

- **1–2 Chilischoten**
- **400 ml Wasser**
- **400 ml trockener Weißwein**
- **150 g Zucker**
- **1 Zimtstange**
- **2 TL bunte Pfefferkörner**
- **3 Nelken**
- **2 Msp. gemahlener Anis**
- **8 Birnen à 150 g**
- **3 EL Zitronensaft**

1. Chilischoten waschen, jeweils 1 Chili in ein Glas geben. Wasser in einen Topf gießen. Weißwein, Zucker, Zimt, Pfefferkörner, Nelken und Anis zugeben. Zum Kochen bringen.

2. Birnen waschen, schälen, den Stiel nicht entfernen. Etwas Zitronensaft darüber träufeln. Birnen in den heißen Sud geben und 1 Minute darin ziehen lassen.

3. Birnen herausnehmen und in die Gläser setzen. Weinsud über die Früchte gießen, bis sie vollständig bedeckt sind. Gläser verschließen und 15 Minuten auf den Deckel stellen.

Die Wein-Birnen sind 6 Wochen haltbar.

Mein Tipp:

Teufelsbirnen

(für 3 Gläser à 370 ml)

- **1 kg Birnen**
- **Saft von 1 Zitrone**
- **750 g Zucker**
- **1 l weißer Rum (54%)**
- **½ kg Preiselbeeren**

1. Birnen waschen, schälen, vierteln, entkernen und mit dem Saft der Zitronen beträufeln. Birnen im Sieb abtropfen lassen, dann in eine Schüssel geben und mit Zucker bestreuen. 30 Minuten ziehen lassen.

2. Birnen schichtweise zusammen mit dem Zucker und den Preiselbeeren in einen Steinguttopf schichten und weißen Rum darüber gießen. Das Obst muss vollständig vom Alkohol bedeckt sein. Gut verschließen und kühl aufbewahren.

Teufelsbirnen passen hervorragend als Beilage zu Wild.

Mein Tipp:

Ananas in Rum

Die tropische Ananas ist ein Leckerbissen für alle Liebhaber des saftigen goldgelben Fruchtfleisches. Sie harmoniert bestens mit weißem Rum.

(für 4 Gläser à 370 ml)

- **2 Ananas**
- **300 g weißer Kandiszucker**
- **1–2 Vanilleschoten**
- **Schale von 1 unbehandelten Zitrone**
- **1 Flasche weißer Rum (54%)**

1. Von den Ananas Strünke abschneiden, Früchte vierteln und die holzigen Mittelteile entfernen. Ananas schälen und das Fruchtfleisch in grobe Stücke schneiden. Ananas und Kandiszucker in Gläser geben.

2. Vanilleschoten klein schneiden. Vanilleschote und Zitronenschale in die Gläser füllen. Mit Rum randvoll aufgießen, Gläser fest verschließen, kühl stellen und 1 Woche ziehen lassen.

Mein Tipp:

Orangen in Rum

Rum-Orangen schmecken hervorragend als Beilage zu Geflügelgerichten. Vor allem der weihnachtliche Gänse- oder Entenbraten bekommt auf diese Weise einen fruchtigen »Schuss« mit einer Extraportion Vitamin C.

(für 1 großes Glas)

- **4 Orangen**
- **20 Pistazien**
- **125 g Zucker**
- **100 ml Wasser**
- **¼ l Rum**

1. Orangen sorgfältig schälen und Filets herauslösen. Mit den Pistazienkernen in ein verschließbares Glas schichten.

2. Zucker in Wasser kochen, bis er sich aufgelöst hat. Die abgekühlte Zuckermischung mit Rum vermischen und das Glas damit füllen. Die Früchte vor dem Verzehr 4 Wochen ziehen lassen.

Mein Tipp:

Quitten in Rotwein

Quitten sind sehr sauer und deshalb auch nicht sonderlich beliebt. In Rotwein eingelegt werden sie jedoch zu einem echten Leckerbissen.

(für 3 Gläser à 370 ml)

- **1 kg Quitten**
- **700 ml Rotwein**
- **250 g Zucker**
- **1 EL Balsamico-Essig**
- **3 Gewürznelken**
- **1 Zimtstange**
- **½ TL Korianderkörner**
- **1 Stück Sternanis**
- **3 grüne Kardamomkapseln**
- **Schale von ½ unbehandelten Orange**

1. Quitten schälen, vierteln, entkernen und in Scheiben schneiden.

2. Rotwein, Zucker, Essig, Nelken, Zimt, Koriander, Sternanis, Kardamom und Orangenschale in einen Topf geben und die Rotwein-Zucker-Lösung zum Kochen bringen. So lange unter Rühren köcheln, bis der Zucker sich vollständig aufgelöst hat.

3. Quittenscheiben in den Sud legen, aufkochen und 20–30 Minuten köcheln lassen. Mit einem Löffel Quittenscheiben aus dem Sud herausnehmen und in Gläser geben. Flüssigkeit noch etwas eindicken lassen und dann durch ein Sieb über die Quitten gießen. Gläser fest verschließen.

Eingelegte Quitten halten sich etwa 6 Monate lang.

Mein Tipp:

Rum-Kirschen

In Zeiten guter Kirschernten sollte man sich einen Vorrat dieser raffiniert schmeckenden Kirschen anlegen. Sie passen zu Vanilleeis, Puddings und anderen Desserts.

(für 3–4 Gläser à 370 ml)

- **1 kg Kirschen**
- **½ kg Zucker**
- **1 Vanilleschote**
- **etwa 350 ml Rum**

1. Kirschen waschen, abtropfen lassen, entstielen und entsteinen. Kirschen in Gläser geben und Zucker darüber streuen. 30 Minuten durchziehen lassen.

2. Vanilleschote aufschlitzen, in Stücke schneiden und in die Gläser geben. Gläser randvoll mit Rum auffüllen und fest verschließen.

Mein Tipp:

Beschwipste Himbeeren

Beschwipste Himbeeren halten sich mindestens 1 Jahr. Sie schmecken zu Eis oder einfach nur pur.

(für 3 Gläser à 370 ml)

- **750 g Himbeeren**
- **250 g Puderzucker**
- **20 g Pistazienkerne**
- **1 Flasche (700 ml) Himbeergeist**

1. Himbeeren verlesen und abwechselnd mit dem Puderzucker in Gläser geben. 30 Minuten durchziehen lassen.

2. Pistazienkerne in die Gläser geben und mit Himbeergeist auffüllen. Gläser fest verschließen.

Mein Tipp:

Geschmackvoller Rauch

Neben der konservierenden Wirkung beeinflusst das Räuchern auch Farbe, Geschmack und Geruch von Fisch und Fleisch auf angenehme Weise. Heute räuchert man weniger der Haltbarkeit wegen. Vielmehr steht der Geschmack der Lebensmittel im Vordergrund. Am schnellsten geht das Heißräuchern. Fleisch und Fisch bleiben besonders zart, weil der Rauch nur maximal 2 Stunden einwirkt.

Räucheröfen gibt es auch als Tischmodell für 6 bis 8 Fische. Wenn Sie einen gemauerten Gartengrill besitzen, können Sie auch ihn nutzen: Über die Feuerstelle kommt ein Stahlgeflecht oder Rost, darauf nicht zu kleine saubere Kieselsteine, damit der Rauch gefiltert und die Hitze gedämpft wird. Nun müssen die zu räuchernden Fische nur noch darüber (an einem Metallgestell) aufgehängt werden.

Auch Räuchertonnen erfüllen diese Aufgabe. Fertige sind oft mit einem Gas- oder Spiritusbrenner ausgestattet oder haben ein Elektrorechaud. Innen befindet sich ein Rundgitter, an welches beispielsweise Fische gehängt werden können. Mit einem speziellen Deckel wird die Tonne abgedeckt.

Darauf sollten Sie achten:

- **Es eignet** sich im Prinzip jeder Fisch zum Räuchern: Forelle, Zander, Äsche, Aal, Scholle oder Makrele. Aber frisch gefangen sollte er sein.

- **Bevor man** räuchert, kommt das Salzen. Salzen kann man trocken oder nass – in einer Salzlake. Dabei gibt es eine Faustregel: Sie nehmen einen mit Wasser gefüllten Eimer, schälen eine rohe Kartoffel und legen sie hinein. Rühren Sie so lange Salz hinein, bis sie schwimmt.

- **Wenn der** Fisch auf den Räucherrost kommt, muss er mit einem Küchentuch trockengerieben und etwas an der Luft getrocknet sein, damit er auch die typisch goldgelbe Farbe bekommt.

- **Auf den** Boden des Räuchergerätes streut man Räuchermehl, zerkleinerte Hartholzspäne. Meist handelt es sich um Buchenmehl, das noch mit Wacholderbeeren und Lorbeer aromatisiert werden kann. Darüber kommt eine Alufolie, damit kein Fett in die Glut tropfen kann.

Lachsschinken

Zutaten:

- **1 Stück ausgelöstes Kotelett vom Schwein (etwa 1 kg)**
- **4 l Wasser, ½ kg Salz, 5 g Salpeter**
- **100 g zerstoßener Kandiszucker**

1. Vom Fleischer den Knochen auslösen und die Schwarte abschneiden lassen. Jedoch soll über dem mageren Fleisch etwas Speck in Daumenbreite stehen bleiben. Die abgeschnittene Schwarte mit Salpeter einreiben und vor dem Räuchern um den Schinken wickeln.

2. Aus Wasser, Salz und Salpeter Nasslake herstellen. Lake erhitzen, danach etwas abkühlen lassen, dann über den Schinken gießen. In einem geeigneten Pökelgefäß muss er nun kühl 1 Woche lagern.

3. Die Schwarte um den getrockneten Schinken wickeln und den Schinken etwa 1 Stunde räuchern.

Geräucherte Forellen

Zutaten:

- **8 l Wasser, 80 g Salz, ½ TL schwarzer Pfeffer**
- **1 TL fertiges Fischgewürz**
- **1 unbehandelte Zitrone, 8 küchenfertige Forellen**

1. In einem großen Eimer alle Zutaten für die Salzlake mischen. Zitrone in Scheiben schneiden und ebenfalls in die Lake legen. Die küchenfertigen Forellen 12 Stunden darin ziehen lassen.

2. Vor dem Räuchern Fische abtropfen lassen und trockenreiben. Fische bei maximal 180 Grad etwa 20 Minuten räuchern. Sie sollten sich dabei nicht berühren, weil sie sonst unschöne Flecken bekommen.

In Essig sauer einlegen

Eine Kombination aus Süß und Sauer

Essig macht erntefrisches Gemüse über längere Zeit haltbar, mindestens einige Monate. Sauer oder auch süßsauer Eingelegtes – hier konserviert zusätzlich Zucker – schmeckt als pikante Beilage zu Fondue oder Raclette, bereichert aber auch kalte Platten oder Fleischmahlzeiten.

Darauf sollten Sie achten:

- Verwenden Sie heißen Essig für festes Gemüse wie Rote Bete oder Möhren. Kalten Essig nimmt man für Gemüse, das seine Festigkeit behalten soll, etwa Blumenkohlröschen oder Gurken.
- Verwenden Sie möglichst ungespritztes Gemüse aus biologischem Anbau.
- Essig sollte mindestens 5 Prozent Säure aufweisen.
- Verwenden Sie auf keinen Fall Geschirr aus Aluminium, Kupfer oder Messing. Durch die Essigsäure kann das Geschirr angegriffen oder sogar das Einkochgut mit Schwermetallen versetzt werden.
- Achten Sie insbesondere auf Sauberkeit.

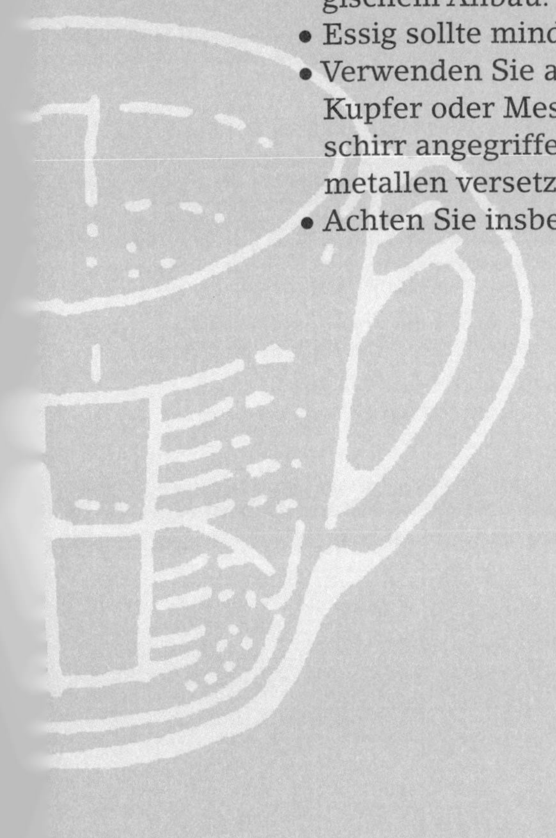

Süßsaure Mirabellen

Die kirschgroßen gelben Mirabellen sind bei uns ein wenig in Vergessenheit geraten, obwohl sie ein liebliches Aroma besitzen. Im Juli und August haben sie Hauptsaison.

(für 3 Gläser à 750 ml)

- **1½ kg Mirabellen**
- **½ l Weinessig**
- **½ l Wasser**
- **1 kg Zucker**
- **6 Gewürznelken**
- **1 Zimtstange**
- **1 Vanilleschote**
- **10 Pimentkörner**

1. Mirabellen entstielen, waschen, abtropfen lassen, mit einer Nadel ringsum anstechen und in Gläser schichten.

2. Essig in einen Topf geben, Wasser, Zucker, Gewürznelken zugeben. Zimtstange und Vanilleschote zerteilen und die Stücke ebenfalls zugeben. Pimentkörner unterrühren.

3. Essigsud aufkochen und so lange köcheln, bis der Zucker vollständig aufgelöst ist. Den heißen Sud über die Mirabellen gießen und Gläser sofort verschließen.

Mein Tipp:

Essig-Birnen

(für 2 Gläser à 750 ml)

- **900 g Birnen**
- **600 ml Essig**
- **225 g Zucker**
- **1 Zimtstange**
- **5 Sternanis**
- **10 ganze Nelken**

1. Birnen waschen, schälen, ganz lassen, Stiele und Blütenansätze nicht entfernen. Essig in einen Topf gießen, Zucker unterrühren. Sud aufkochen und köcheln lassen, bis der Zucker vollständig aufgelöst ist. Birnen in den Sud setzen und darin 10 Minuten pochieren.

2. Zimt, Sternanis und Nelken zugeben und weitere 10 Minuten köcheln. Birnen herausnehmen und vorsichtig in die Gläser setzen. Sud weitere 15 Minuten köcheln, dann über die Birnen gießen.

3. Die Gläser fest verschließen. Kühl und dunkel gelagert halten sich die Birnen 1 Jahr.

Eine leckere Beilage zu kaltem Braten und gekochtem Schinken. Wer mag, kann die Birnen auch als Dessert reichen.

Mein Tipp:

Scharfe Essig-Pflaumen

Pfefferschoten geben diesen süßsauren Pflaumen ein scharfes Aroma. Für alle, die es zugleich süß und scharf mögen, eine ideale Möglichkeit, ein Überangebot an Pflaumen zu konservieren.

(für 4 Gläser à 500 ml)

- **2 kg Pflaumen**
- **200 g Ingwer**
- **50 g rote Pfefferschoten**
- **Schale von 1 unbehandelten Zitrone**
- **½ l Essig (Obst- oder Rotweinessig)**
- **600 g brauner Zucker**
- **300 ml Rotwein**
- **300 ml Portwein**
- **¼ l Wasser**
- **2 Zimtstangen**
- **2 Msp. Einmachhilfe**

1. Pflaumen waschen, im Sieb abtropfen lassen, entstielen, halbieren, entsteinen und in eine große Schüssel geben. Ingwer schälen und in dünne Scheiben schneiden. Pfefferschoten halbieren, entkernen, Schoten waschen und quer in dünne Scheiben schneiden. Zitrone waschen und hauchdünn mit einem Zestenreißer oder Sparschäler schälen.

2. Essig mit Ingwer, Pfefferschoten, Zitronenschale, Zucker, Rotwein, Portwein, Wasser und Zimtstangen aufkochen, über die Pflaumen gießen und zugedeckt über Nacht kalt stellen.

3. Pflaumen in einem Sieb abgießen und abtropfen lassen, dabei den Sud auffangen. Pflaumen in Gläser schichten.

4. Den Sud etwas einkochen lassen, eventuell nochmals mit Essig und Zucker abschmecken, von der Kochstelle nehmen und Einmachhilfe unterrühren. Den Sud sofort randvoll in die Gläser gießen. Die Gläser fest verschließen.

Die süßsauren Pflaumen schmecken hervorragend zu Geflügel- und Entenfleisch. Die Einmachhilfe verhindert ein vorzeitiges Schimmeln.

Mein Tipp:

Süßsaure Walnüsse

(für 2–3 Gläser à 200 ml)

- 50 grüne Walnüsse (ohne Schale)
- ⅜ ml Essig
- ⅛ l Wasser
- 1 kg Zucker
- ¼ Zimtstange
- Schale von 1 unbehandelten Zitrone
- 50 Gewürznelken

1. Nüsse einige Male mit einer Nadel einstechen und portionsweise 5 Minuten in Wasser kochen. In einem Sieb abtropfen lassen. Essig, Wasser, Zucker, Zimtstange und Zitronenschale dicklich einkochen.

2. Die Nüsse mit je einer Nelke spicken und in einen Steinguttopf legen. Mit dem warmen Sud übergießen. Zugedeckt 2 Tage stehen lassen.

3. Nüsse im Sud weich kochen, in Gläser füllen und diese verschließen. Kühl aufbewahren. Die Nüsse schmecken nach 1 Jahr am besten.

Grüne Walnüsse passen zu Enten-, Gänse- und Wildgerichten, aber auch zu gekochtem Geflügel- oder Rindfleisch.

Mein Tipp:

Eingelegte Möhren

Süßsauer eingelegte Möhren sind eine besondere Delikatesse und ein guter Ersatz in gemüsearmen Zeiten.

(für 2–3 Gläser à 200 ml)

- 400 g Möhren
- 1 Bd. Frühlingszwiebeln
- 1 Lorbeerblatt
- Fenchelsamen nach Geschmack
- Salbeizweige nach Geschmack
- ½ l Rotweinessig
- Salz
- 2 TL Pfefferkörner
- 1 EL Zucker

1. Möhren waschen und in Scheiben schneiden. Frühlingszwiebeln waschen und in Ringe schneiden. Möhren, Frühlingszwiebeln, Lorbeerblatt, Fenchelsamen und Salbeizweige in Gläser schichten.

2. Rotweinessig mit Salz, Pfefferkörnern und Zucker aufkochen und heiß darüber gießen. Mit Einmachzellophan verschließen und nach 2 Tagen den Sud mit den Möhren noch einmal aufkochen. Glas wieder verschließen und Möhren mindestens 4 Monate durchziehen lassen.

Als Beilage zu kalten Platten, kaltem Braten und auch zum Garnieren von kalten Platten geeignet.

Mein Tipp:

Gurken-Pickles mit Zwiebeln

Eingelegte Gurken sind eine gute Alternative zu grünen Salaten. Verwenden Sie möglichst nicht allzu große Gurken, sie sind oft recht bitter im Geschmack.

(für 3 Gläser à 500 ml)

- **700 g Salatgurken**
- **300 g Schalotten**
- **¼ l Weißweinessig**
- **¼ l Weißwein**
- **5 Gewürznelken**
- **5 Lorbeerblätter**
- **1 EL weiße Pfefferkörner**
- **5 Wacholderbeeren**
- **2 Zimtstangen**
- **½ kg Gelierzucker**

1. Salatgurken waschen und schälen. Gurken der Länge nach durchschneiden, die Kerne mit einem Löffel herausschaben. Gurken in 1 Zentimeter breite Stücke schneiden. Schalotten schälen.

2. Essig, Weißwein und Gewürze in einen Topf geben und 10 Minuten kochen lassen. Schalotten zufügen und 5–8 Minuten mitköcheln. Dann Zucker und Gurkenstücke unterrühren und alles weitere 5 Minuten kochen. Heiß in Gläser füllen und diese sofort verschließen.

Mein Tipp:

Sherryessig

Essig lässt sich hervorragend mit Aromen und Gewürzen anreichern. Wer mag, kann beim Einlegen von Gemüse auch einen selbst gemachten aromatisierten Essig verwenden.

(für 500 ml)

- **1 Quitte**
- **100 ml Essigessenz (25%)**
- **2 EL Sherry medium**
- **350 ml Wasser**

1. Quitte schälen, entkernen und das Fruchtfleisch fein würfeln. Mit Essigessenz, Sherry und Wasser in ein Glas geben, verschließen und 2 Wochen durchziehen lassen.

2. Anschließend durch ein feines Sieb in eine Flasche füllen.

Mein Tipp:

Kräuteressig

Dieser Essig ist nicht nur eine Zierde fürs Küchenregal, sondern auch ein wunderbares Geschenk, wenn man zum Grillen eingeladen wird.

(für 500 ml)

- **2 Stängel Basilikum**
- **2 Rosmarinzweige**
- **2 Thymianzweige**
- **2 Stängel Oregano**
- **2 TL schwarze Pfefferkörner**
- **100 ml Essigessenz (25%)**
- **200 ml Weißwein**
- **200 ml Wasser**

1. Kräuter waschen, Blättchen beziehungsweise Nadeln von den Stängeln oder Zweigen zupfen und grob zerkleinern. Pfefferkörner grob zerstoßen. Kräuter und Pfeffer mit Essigessenz, Wein und Wasser in ein Glas geben und 2 Wochen durchziehen lassen.

2. Anschließend den Essig durch ein feines Sieb in eine Flasche gießen. Die eingelegten Thymianzweige können zur Dekoration mit hineingegeben werden.

Mein Tipp:

Holunderblütenessig

(für 500 ml)

- **10 große Holunderblütendolden**
- **½ l Obstessig**

1. Sehr früh am Morgen trockene Holunderblütendolden schneiden, verlesen (gut ausschütteln, nicht waschen) und die Blüten locker in ein sauberes Gefäß geben.

2. Dann vollständig mit Essig übergießen, verschließen, an einen schattigen zimmerwarmen Platz stellen und 4–6 Wochen durchziehen lassen. Je länger er reift, desto vollmundiger wird sein Aroma.

Zum Verschenken ruhig ein paar Blüten mit in die Flasche geben, das wirkt optisch sehr gut.

Mein Tipp:

Fenchelessig

(für 500 ml)

- **100 ml Essigessenz**
- **200 ml Sherry medium**
- **200 ml Wasser**
- **2 EL Ahornsirup**
- **5 EL Fenchelsamen**

1. Alle Zutaten in einen Topf geben und einmal aufkochen lassen.

2. Essig abkühlen lassen und in ein verschließbares Gefäß geben und gut verschlossen an einem dunklen Ort etwa 2 Wochen durchziehen lassen. Essig durchfiltern und in eine dekorative Flasche füllen.

Dieser Essig ist besonders gut für Kartoffel- und Gemüsesalate zu verwenden!

Mein Tipp: ______________________

Dillessig

(für 500 ml)

- **2 große Dillfahnen**
- **1 l Weißweinessig**

1. Dill waschen, trockentupfen und in eine Flasche geben. Mit Essig auffüllen. Flasche verschließen und Essig 14 Tage durchziehen lassen.

Mein Tipp: ______________________

Senfgurken

Wichtig ist, dass die Gurkensorte viel Fleisch und wenig Kerne enthält. Am besten eignen sich Schmorgurken oder so genannte Schlangengurken.

(für 2 Gläser à 750 ml)

750 g Schmorgurken

2 Zwiebeln

2 TL Senfkörner

1 TL Salz

1 Bd. Dill

¼ l Wasser

¼ l Essig

80 g Zucker

1. Gurken waschen und schälen. Gurken längs durchschneiden und Kerne mit einem Löffel herausschaben. Gurkenfleisch in mundgerechte Stücke schneiden und in eine Schüssel geben.

2. Zwiebeln schälen und in Ringe schneiden. Mit den Gurkenstücken mischen. Senfkörner und Salz zugeben. Dill waschen, Blättchen von den Stängeln zupfen, klein schneiden und untermengen. Gurken mit Zwiebeln, Senfkörnern und Dill in Gläser füllen.

3. Wasser, Essig und Zucker in einen Topf geben und den Sud aufkochen. Den kochenden Essigsud über die Gurken gießen und Gläser verschließen.

4. Den Backofen auf 175 Grad vorheizen. Senfgurkengläser auf die mittlere Schiene stellen und etwa 25 Minuten pasteurisieren. Senfgurken aus dem Ofen nehmen, abkühlen lassen.

Senfgurken müssen vor dem Servieren mindestens 3 Wochen ziehen. Wenn man sie dunkel lagert, sind sie bis zu 1 Jahr haltbar.

Mein Tipp:

Pikant eingelegte Champignons

Champignons sind kalorienarm, 100 Gramm Pilze enthalten lediglich 16 Kilokalorien beziehungsweise 69 Kilojoule. Frische Zuchtchampignons werden nicht geschält, sondern nur mit einem Küchentuch abgerieben und das Wurzelende abgeschnitten.

(für 2 Gläser à 250 ml)

- **1 l Gemüsebrühe**
- **800 g kleine Champignons**
- **2 Lorbeerblätter**
- **5 Salbeiblätter**
- **2 Thymianzweige**
- **2 Knoblauchzehen**
- **1 TL Pfefferkörner**
- **1 TL Salz**
- **5 EL Öl, etwa Rapsöl**
- **300 ml Rotweinessig**

1. Gemüsebrühe in einen Topf geben und erhitzen. Champignons putzen und in der Gemüsebrühe kurz blanchieren. Pilze mit einem Schaumlöffel herausnehmen und abkühlen lassen. Brühe ebenfalls abkühlen lassen.

2. Lorbeer, Salbei und Thymian waschen und in die Brühe geben. Knoblauch abziehen, durch eine Presse in den Topf drücken. Pfeffer und Salz in die Brühe rühren. Zum Schluss Öl und Essig unterrühren. Brühe aufkochen.

3. Champignons in Gläser füllen und mit der heißen Brühe übergießen.

Vor dem Servieren die Pilze 2 Tage marinieren. Eingelegte Champignons eignen sich für kalte Platten, passen aber auch wunderbar als Beilage zu anderen Gerichten. Kühl gelagert halten sich die Pilze 2–3 Wochen.

Mein Tipp:

Paprika-Allerlei

Eingelegte Paprika eignen sich gut als Beilage zu Huhn, Kaninchen, Schinken, Eiern oder Thunfisch. Wer mag, kann einige Zwiebeln zugeben und frische Petersilie statt Majoran verwenden.

(für 4 Gläser à 375 ml)

- **je ½ kg rote, grüne und gelbe Paprikaschoten**
- **5 Knoblauchzehen**
- **⅜ l Weißwein**
- **⅜ l Essig**
- **⅜ l Wasser**
- **250 g Zucker**
- **3 TL Salz**
- **einige Zitronenscheiben von 1 unbehandelten Zitrone**
- **1 EL Senfkörner**
- **10 Pimentkörner**
- **10 weiße Pfefferkörner**
- **4 EL frische Majoranblätter**
- **3 Lorbeerblätter**
- **1 Päckchen Einmachhilfe**

1. Paprika waschen, halbieren, putzen und in Stücke schneiden. Knoblauch schälen und klein schneiden.

2. Wein, Essig, Wasser, Zucker, Salz, Zitronenscheiben, Senf-, Piment- und Pfefferkörner in einen Topf geben und aufkochen. Paprika hineingeben und 10 Minuten kochen.

3. Paprika herausnehmen und mit Knoblauchstückchen, Majoran und Lorbeer in Gläser schichten.

4. Den Sud wieder aufkochen, die Einmachhilfe unterrühren und die heiße Flüssigkeit über die Paprika gießen. Gläser verschließen.

Mein Tipp:

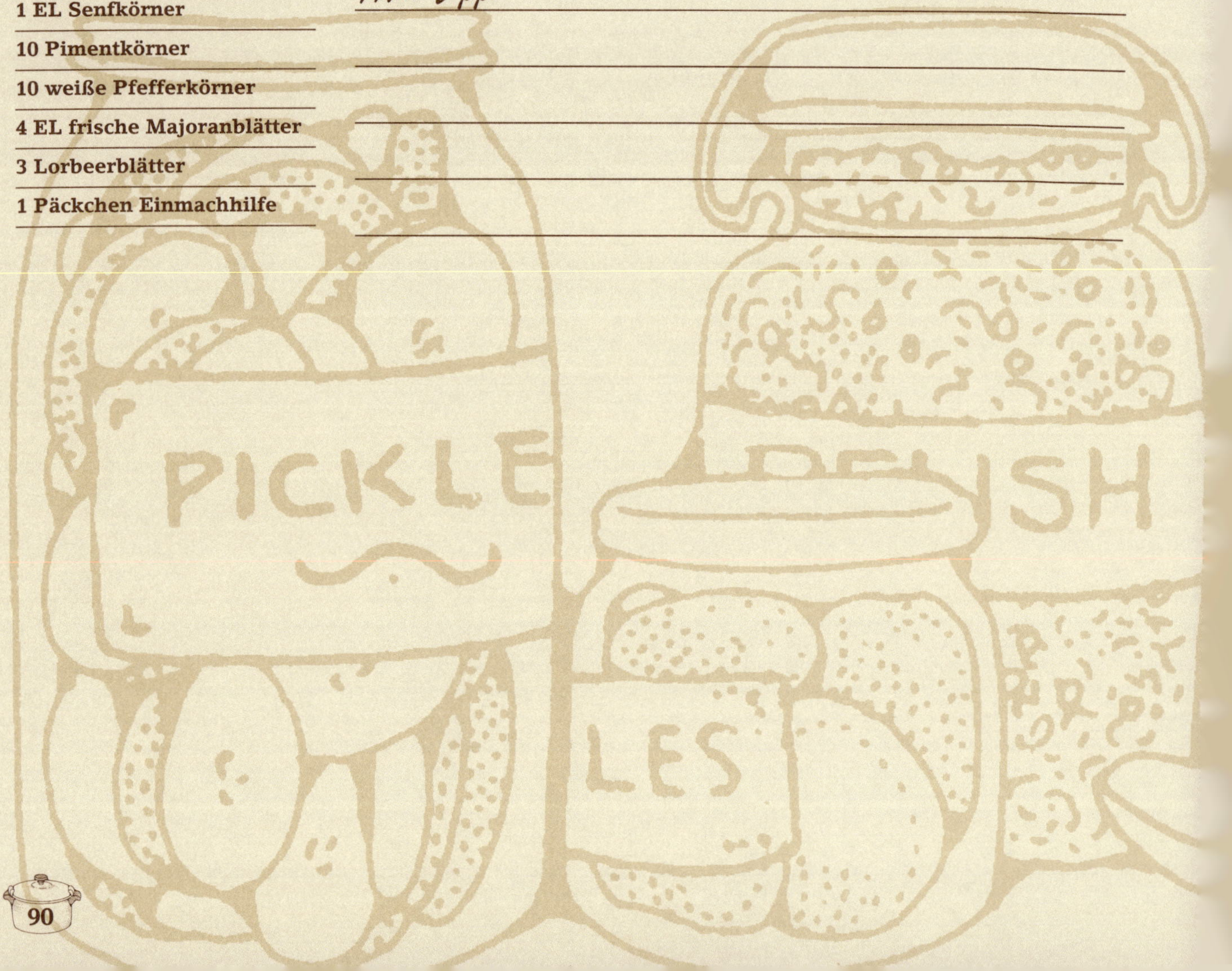

Süßsaurer Kürbis

1. Kürbisstücke in eine Schüssel geben. Weinessig und Wasser mischen, über den Kürbis gießen und über Nacht an einem kühlen Ort durchziehen lassen. Kürbis herausnehmen und abtropfen lassen.

2. Für den Essig-Zucker-Sud Zucker, Essig, Wasser, Gewürznelken, Pfefferkörner, Lorbeer, Knoblauch und Chilis in einen großen Topf geben und aufkochen lassen. Kürbis nach und nach darin in etwa 5 Minuten glasig dünsten. Kürbis herausnehmen und in Gläser füllen.

3. Sud wieder zum Kochen bringen und die Einmachhilfe unterrühren. Den Sud über die Kürbisstücke gießen. Gläser verschließen und kühl lagern, dann hält sich der eingelegte Kürbis etwa 6 Monate.

Mein Tipp:

(für 7 Gläser à 500 ml)

- **4 kg Kürbisfleisch in Stücken**
- **½ l Weinessig**
- **½ l Wasser (auf je 1 kg Kürbisfleisch ⅛ l Weinessig und ⅛ l Wasser)**
- **650 g Zucker**
- **½ l Weinessig, ½ l Wasser**
- **4 Gewürznelken**
- **20 g schwarze Pfefferkörner**
- **4 Lorbeerblätter**
- **2 geschälte gehackte Knoblauchzehen**
- **4 getrocknete rote Chilis**
- **1 Päckchen Einmachhilfe**

Mixed Pickles

Pikanter werden die Pickles, wenn man den Sud noch mit etwas Zucker würzt. Durch geschicktes Kombinieren verschiedener Gemüsearten lassen sich bei Mixed Pickles tolle Farbeffekte erzielen.

1. Gemüse waschen oder schälen und putzen. Möhren in Scheiben schneiden, Blumenkohl in Röschen teilen, Paprika in Streifen schneiden.

2. Gemüse getrennt in Salzwasser blanchieren, in Eiswasser abschrecken und gut abtropfen lassen. Dann in Gläser schichten.

3. Essig mit ¼ Liter Wasser und den übrigen Zutaten aufkochen. Den heißen Essig über das Gemüse in die Gläser gießen. Der Sud sollte das Gemüse dabei reichlich bedecken. Gläser gut verschließen und kühl aufbewahren.

Mein Tipp:

(für 4 Gläser à 500 ml)

- **1 kg Gemüse (Gürkchen, Schalotten, Möhren, Blumenkohl, Paprika und Maiskölbchen)**
- **Salz nach Geschmack**
- **½ l Weinessig**
- **2 Lorbeerblätter**
- **einige Pfeffer- und Senfkörner**
- **2 Dillzweige**
- **2 Estragonzweige**

Silberzwiebeln in Honigöl

Schon Römer und Griechen begeisterten sich für Schalotten. Eine Zwiebelpflanze, der man die Wirkung eines Aphrodisiakums zuschrieb. Schalotten sind nicht viel größer als Knoblauchzehen und ihr Fruchtfleisch schmeckt saftig und mild.

(für 3–4 Gläser à 375 ml)

- **1 kg Schalotten**
- **50 g Meersalz**
- **1 Stück Ingwer**
- **4 Knoblauchzehen**
- **4 rote Chilischoten**
- **1 l Olivenöl**
- **100 ml Weißweinessig**
- **4 Lorbeerblätter**
- **5 Gewürznelken**
- **1 TL Fenchelsamen**
- **1 TL Salz**
- **150 g flüssiger Honig**

1. Die ungeschälten Schalotten in reichlich kochendes Wasser geben. Zwiebeln kurz darin ziehen lassen und in ein Sieb abgießen. Mit kaltem Wasser übergießen und Haut abziehen. Schalotten in eine Schüssel geben und mit Meersalz mischen. 12 Stunden ruhen lassen, dann gründlich mit kaltem Wasser abspülen und abtropfen lassen.

2. Ingwer schälen, Knoblauch abziehen und beides fein hacken. Chilischoten waschen, aufschlitzen, entkernen und ebenfalls fein hacken.

3. 200 Milliliter vom Öl in einem weiten Topf erhitzen. Gut abgetropfte Schalotten darin leicht dünsten, herausnehmen und in einer Schüssel mit dem Essig mischen.

4. Ingwer, Knoblauch, Chilis und alle anderen Gewürze im verbliebenen Bratöl unter Rühren dünsten. Salz einrühren und die Gewürzmischung mit den Zwiebeln mischen. Restliches Öl in den Topf geben, erwärmen und mit dem Honig verrühren.

5. Schalotten samt Marinade in Gläser füllen, mit dem Honigöl bedecken und fest verschließen.

Die Silberzwiebeln mindestens 4 Wochen in der Marinade ziehen lassen.

Mein Tipp:

Eingelegte Pilze

Pilze passen eigentlich überall dazu, besonders gut zu allen Fleischgerichten. Auch Soßen lassen sich mit den eingelegten Pilzen verfeinern. Auch frisch gesammelte Pilze lassen sich einlegen, allerdings sollte man sich – wenn man selbst sammelt – sehr gut auskennen.

(für 3 Gläser à 500 ml)

- **400 g kleine Champignons**
- **250 g Pfifferlinge**
- **¾ l Wasser**
- **⅛ l Weißwein**
- **⅛ l Kognak-Essig**
- **3 Knoblauchzehen**
- **1 rote Zwiebel**
- **1 Lorbeerblatt**
- **Salz**
- **1 Rosmarinzweig**
- **2 Majoranzweige**
- **⅛ l Olivenöl**
- **½ l Maiskeimöl**

1. Champignons und Pfifferlinge putzen. Wasser, Weißwein und Essig in einen Topf geben.

2. Knoblauch und Zwiebel schälen, Zwiebel in Ringe schneiden. Mit Knoblauch, Lorbeerblatt und etwas Salz zugeben und das Ganze 2 Minuten kochen.

3. Pilze in den Sud geben und etwa 2 Minuten köcheln lassen, herausnehmen, in ein Sieb geben, abtropfen lassen. Pilze mit Küchenpapier trockentupfen und abkühlen lassen.

4. Rosmarin und Majoran waschen und trockentupfen. Pilze, Zwiebeln, Knoblauch und Kräuter in Gläser geben, beide Öle miteinander mischen und darüber gießen.

Frische Pilze müssen nicht gewaschen werden. Es reicht, sie vor der Zubereitung mit einer Bürste oder mit Küchenpapier zu reinigen.

Mein Tipp:

Eingelegte Curry-Zucchini

Für alle, die in ihrem Garten Zucchinis ernten, ist diese Rezeptur eine gute Möglichkeit, der Ernte »Herr zu werden«. Auch zu groß geratene Zucchini lassen sich auf diese Weise verwerten.

(für 4–5 Gläser à 370 ml)

- **2½ kg Zucchini**
- **2–3 große Zwiebeln**
- **1 EL Salz**
- **1½ Tassen Essig**
- **1½ Tassen Zucker**
- **½ TL Curry**
- **½ TL Paprikapulver, edelsüß**
- **½ TL Pfeffer**
- **½ TL Senfkörner**
- **1 EL getrockneter Dill**

1. Zucchini schälen, längs halbieren, entkernen und in mundgerechte Stücke schneiden. Zwiebeln abziehen, in Ringe oder Streifen schneiden. Mit den Zucchini und dem Salz 3–4 Stunden in einem großen Topf ziehen lassen.

2. Essig, Zucker und Gewürze untermischen. Unter Rühren zum Kochen bringen und kurz kochen lassen. In Gläser füllen und diese sofort verschließen.

Mein Tipp:

Pikante Knoblauchzehen

Für echte Knoblauchfans gibt es wohl kaum etwas Schöneres! Darüber hinaus ist die Knolle sehr gesund und gilt seit alters her als Heilmittel. Durch seinen Wirkstoff Allylsulfid wurde er während des 1. Weltkriegs sogar als Ersatz für Antibiotika gegessen.

(für 4–5 Gläser à 200 ml)

- **5 Knoblauchknollen**
- **½ l Weißwein**
- **100 ml Essigessenz**
- **75 g Zucker**
- **2 Chilischoten**
- **1 Rosmarinzweig**
- **1 Thymianzweig**
- **8 Gewürznelken**
- **1 TL weiße Pfefferkörner**
- **4 Lorbeerblätter**
- **2 TL Salz, 4 EL Öl**

1. Knoblauchknollen zerteilen und die einzelnen Zehen schälen. Wein, Essig, Zucker, Gewürze und Salz zusammen mit den Knoblauchzehen in einen Topf geben und 3 Minuten kochen. Im geschlossenen Topf über Nacht stehen lassen.

2. Am nächsten Tag nochmals 5 Minuten kochen, danach erkalten lassen und Knoblauch mit Sud in mehrere kleine Gläser füllen. Zuletzt das Öl darüber gießen.

Als Beilage zu Steaks, gegrilltem Fleisch, zu Käse oder einfach mit frischem Brot servieren.

Mein Tipp:

Zwiebel-Pflaumen-Confit

Die pikant-süße Kombination aus Zwiebeln, Pflaumen und Pfeffer ist nichts für zart besaitete Gaumen. Wer es würzig mag, wird das Confit lieben.

(für 3–4 Gläser à 370 ml)

- **450 g rote Zwiebeln**
- **2 EL Olivenöl**
- **1 EL Setschuanpfeffer**
- **675 g rote Pflaumen**
- **300 ml Rotweinessig**
- **etwas Meersalz**
- **150 g heller Muscovado-Zucker (brauner Rohrzucker aus Mauritius)**

1. Zwiebeln abziehen und fein hacken. Öl in einen Topf geben und die Zwiebeln darin glasig dünsten. In der Zwischenzeit Pfeffer ohne Fett in einer Pfanne rösten; gelegentlich umrühren, damit die getrockneten Beeren nicht ansetzen. Die Pfanne von der Kochstelle nehmen und die Beeren im Mörser fein zerreiben.

2. Pflaumen waschen, halbieren und entsteinen. Pflaumen, Pfeffer, Essig und Salz in einen Topf geben und köcheln lassen, bis die Früchte weich sind. Bei schwacher Hitze den Zucker unterrühren, so lange rühren, bis er aufgelöst ist, dann die Zwiebeln zugeben. Die Masse einkochen lassen, bis sie beginnt, dick zu werden.

3. Confit in Gläser füllen und diese fest verschließen. Bis zum Öffnen mindestens 1 Monat kühl, dunkel und trocken aufbewahren.

Das Confit zu Grill- oder Bratwürstchen mit Kartoffelpüree reichen. Falls die Zwiebeln noch etwas Biss haben, schmeckt es auch vorzüglich zu Makrelen.

Mein Tipp:

Pikanter Orangenkürbis

Pikant wird die Mischung aus Kürbis und Orangen durch eine rote Peperoncini. Diese besonders scharfe rote Chilischote gibt es beim türkischen Obst- und Gemüsehändler oder auf Wochenmärkten.

(für 2–3 Gläser à 375 ml)

- **700 g Kürbisfleisch**
- **300 ml Weißweinessig**
- **½ Tasse Weißwein**
- **½ Tasse Wasser**
- **150 g Zucker**
- **½ TL Salz**
- **2 Lorbeerblätter**
- **½ unbehandelte Orange**
- **1 kleine Peperoncini oder rote Chilischote**

1. Kürbis in mundgerechte Stücke schneiden. Essig, Wein, Wasser, Zucker und Salz mit Lorbeerblättern in einen Topf geben und aufkochen. Kürbiswürfel zugeben und so lange köcheln lassen, bis die Kürbiswürfel gerade weich sind.

2. Orange waschen, vierteln und mitsamt Schale in feine Scheiben schneiden. Vom Peperoncini Stiel und Kerne entfernen und Fruchtfleisch in feine Scheiben schneiden. Orange und Peperoncini zum Kürbis geben und 5 Minuten köcheln lassen. In Gläser füllen und diese sofort verschließen. 2 Wochen ziehen lassen.

Mein Tipp:

Eingekochte Zucchini

Wenn das Gemüseangebot in den Wintermonaten knapp ist oder die Preise in den Himmel steigen, ist dieses leckere Zucchini-Gemüse eine schmackhafte Ergänzung für den Speiseplan.

(für 6–8 Gläser à 375 ml)

- **3 kg Zucchini**
- **1 kg Zwiebeln**
- **5 rote Paprikaschoten**
- **2 Knoblauchzehen**
- **½ EL Salz**
- **6 EL Zucker**
- **1 EL Senfkörner**
- **100 g Zucker**
- **2 TL Kurkuma**
- **1 TL Selleriesalz**
- **300 ml Essig**

1. Zucchini waschen, die Enden abschneiden, Zucchini halbieren und in Würfel schneiden. Zwiebeln abziehen und ebenfalls würfeln. Paprika waschen, putzen und würfeln. Knoblauch abziehen und fein hacken.

2. Gemüse und alle anderen Zutaten bis auf den Essig in einem großen Topf mischen und 24 Stunden zugedeckt ruhen lassen.

3. Die Gemüsemischung in Gläser schichten, Essig darüber gießen, Gläser verschließen. Gläser 20 Minuten im Schnellkochtopf oder bei 180 Grad 60 Minuten im Backofen in der Fettpfanne pasteurisieren.

Mein Tipp:

Eingelegter Rotkohl

Rotkohl gilt in unseren Breiten als Festtagsgemüse zu Braten. Eigentlich kommt dieser gesunde Kohl viel zu selten auf den Tisch, schmeckt er doch hervorragend auch mit anderem Gemüse zusammen. Pilze, Möhren, Kartoffeln, Zwiebeln und vieles mehr passen zu seinem Aroma.

(für 4–5 Gläser à 375 ml)

- **2 kg Rotkohl**
- **2 EL Salz**
- **1 l Weinessig**
- **½ kg Zucker**
- **einige Lorbeerblätter**
- **einige Pfefferkörner**
- **einige ganze Gewürznelken**

1. Rotkohl vierteln und den Strunk herausschneiden. Rotkohl mit dem Gemüsehobel raspeln. Rotkohlraspel in eine große Schüssel oder einen Topf geben, mit dem Salz mischen und 24 Stunden ruhen lassen.

2. Kohl abgießen, im Sieb abtropfen lassen, dann in Gläser schichten.

3. Aus Weinessig und Zucker einen Sud kochen. Sud über die Rotkohlraspel gießen. Gewürze hinzufügen, Gläser fest verschließen. Gläser in eine Fettpfanne stellen, diese mit Wasser füllen und im Backofen bei 180 Grad 70 Minuten pasteurisieren.

Der eingelegte Rotkohl schmeckt hervorragend als Salat zu Fleischgerichten. Wer mag, kann kleinere Stücke einer Zimtstange mit in die Gläser legen. Damit sich Rotkohl beim Schneiden nicht verfärbt, sollte man ein Messer aus rostfreiem Stahl verwenden.

Mein Tipp:

Marinierter Blumenkohl

(für 3–4 Gläser à 375 ml)

- 1 Blumenkohl
- ½ Rotkohl
- 300 ml Weinessig
- 850 ml Wasser
- 5 EL Salz
- 1 getrocknete Peperoni

1. Blumenkohl waschen, Strunk herausschneiden und Blumenkohl in Röschen teilen. Rotkohl vierteln, Strunk herausschneiden, Rotkohl waschen und 1 Stunde in Salzwasser legen. Rotkohl mit klarem Wasser waschen und in einem Sieb abtropfen lassen.

2. Gemüse in Gläser schichten, Essig, Wasser und Salz mischen und über das Gemüse geben. Peperoni waschen, entkernen und klein schneiden, mit in die Gläser legen. Gläser verschließen.

Vor dem Servieren das Gemüse 1–2 Wochen ruhen lassen.

Mein Tipp:

Süßsaure Paprika-Zucchini

Sowohl Paprika als auch Zucchini lassen sich gut sauer einlegen. Zucchini gehören zur Familie der Sommerkürbisse. Das helle Fruchtfleisch schmeckt mild. Am besten schmecken Zucchini, wenn sie eine Größe von 15–20 Zentimetern erreicht haben.

(für 4–5 Gläser à 375 ml)

- 2 kg Zucchini
- 1 kg gemischte Paprikaschoten
- ½ kg Zwiebeln
- ¼ l Kräuteressig
- 1 l Wasser, ½ l Apfelsaft
- 200 g Zucker, 3 EL Salz
- 2 EL Currypulver
- 3 EL Senfkörner
- Saft von 2 Zitronen

1. Zucchini waschen, die Enden abschneiden und Zucchini klein schneiden. Paprika waschen, vierteln, putzen und ebenfalls klein schneiden. Zwiebeln abziehen und fein hacken. Gemüse in einen großen Topf geben, Essig, Wasser, Saft, Zucker und Gewürze zugeben, gut mischen und das Ganze über Nacht ziehen lassen.

2. Am nächsten Tag Mischung zum Kochen bringen, 2–5 Minuten kochen lassen und sofort in Gläser füllen und diese verschließen.

Mein Tipp:

Perlzwiebeln in Sherryessig

Perlzwiebeln erreichen einen Durchmesser von 15–35 Millimeter und haben eine weiß bis silbrig schimmernde Außenhaut. Neben der Verarbeitung zu Mixed Pickles eignen sich die mild bis würzig schmeckenden Silberzwiebeln besonders als geschmortes Gemüse oder zum Verfeinern von Soßen.

(für 2–3 Gläser à 200 ml)

- **½ kg Perlzwiebeln**
- **6 EL Olivenöl**
- **150 ml Sherryessig**
- **1 Gewürznelke**
- **1 getrocknete Chilischote**
- **1 Thymianzweig**
- **1 Lorbeerblatt**
- **1 TL schwarze Pfefferkörner**
- **1 TL Salz**
- **1 Prise Zucker**

1. Perlzwiebeln schälen. Olivenöl in einem Topf erhitzen und die Perlzwiebeln darin goldgelb anbraten. Sherryessig und 250 Milliliter Wasser zugießen. Nelke, Chilischote, Thymian, Lorbeerblatt, Salz, Pfefferkörner und Zucker zufügen.

2. Zugedeckt etwa 30 Minuten bei mittlerer Hitze köcheln lassen. Zwiebeln in Gläser füllen und den heißen Sud darüber gießen. Gläser fest verschließen.

Schmeckt als Beilage zu gegrilltem Fleisch oder als Salatzutat. Sherryessig bekommt man in gut sortierten Supermärkten oder in Feinkostläden. Man kann ihn auch leicht selbst herstellen (siehe Seite 85).

Mein Tipp:

Mediterraner Gemüsesalat

Dieser herrliche Gemüsesalat schmeckt wie beim Griechen oder sogar noch besser.

(für 6 Gläser à 375 ml)

- **½ kg grüne Paprikaschoten**
- **½ kg Tomaten**
- **½ Kopf Weißkohl**
- **1 Zwiebel**
- **1 Peperoni**
- **½ l Kräuteressig**
- **¾ l Wasser**
- **75 g Zucker**
- **2 TL Salz**
- **2 EL schwarze Pfefferkörner**
- **1 Päckchen Einmachhilfe**

1. Paprika waschen, vierteln, putzen und in Streifen schneiden. Tomaten waschen und vierteln. Vom Weißkohl den Strunk entfernen und Weißkohl in Streifen schneiden. Zwiebel abziehen und in Ringe teilen. Peperoni waschen, entstielen, entkernen und in Ringe schneiden. Gemüsezutaten vermengen und in Gläser schichten.

2. Essig, Wasser, Zucker, Salz, Pfefferkörner in einen Topf geben und zum Kochen bringen. So lange köcheln, bis der Zucker sich vollständig gelöst hat. Sud über den Gemüsesalat gießen, Gläser fest verschließen.

3. Nach etwa 12 Stunden die Essig-Zucker-Lösung in einen Topf abgießen, zum Kochen bringen, Einmachhilfe unterrühren und wieder über den Salat gießen. Gläser fest verschließen.

Der Salat hält sich mindestens 6 Monate.

Mein Tipp:

Soleier

Es ist noch gar nicht so lange her, da standen in vielen Kneipen noch riesige Gläser mit eingelegten Eiern. Genau das Richtige nach einer durchzechten Nacht.

10 Eier
½ l Wasser
½ l Weinessig
2 Schalotten
Schale von 2 Zwiebeln
1 EL Kümmel
5 Pfefferkörner
1 Chilischote
2 Knoblauchzehen
1 TL Thymian
1 TL Rosmarin
5 EL Salz

1. Eier in 10 Minuten hart kochen. Währenddessen aus den anderen Zutaten einen Sud kochen.

2. Eierschalen leicht anschlagen und Eier in ein großes Glas legen. Abgekühlten Sud darüber gießen, das Glas verschließen und die Eier einige Tage darin ziehen lassen. Innerhalb von 2 Wochen verbrauchen.

Die Zwiebelschale färbt die Eier gelb. Soleier schmecken auch gut auf Brot, zu kalten Platten oder als Salatzutat.

Mein Tipp:

Schalotten in Rotwein

Schalotten sind eine ideale Zutat zum Säuern. Sie bereichern jeden Salat, schmecken in Soßen oder einfach zu einer Brotplatte.

(für 3–4 Gläser à 200 ml)

1 kg Schalotten
60 g Meersalz
frischer Estragon nach Geschmack
350 ml Rotweinessig
¼ l Wasser
2 EL Zucker
150 ml Rotwein
3 Lorbeerblätter

1. Schalotten in kochendem Wasser kurz blanchieren, kalt abschrecken und schälen. Mit dem Salz in einer Schüssel mischen und mehrere Stunden ziehen lassen. Schalotten gründlich abwaschen und mit Haushaltspapier abtrocknen, um das Salz zu entfernen.

2. Zwiebeln mit dem gewaschenen Estragon in Gläser füllen. Essig, Wasser, Zucker, Lorbeerblätter und Wein in einen Topf geben, aufkochen und über die Zwiebeln in den Gläsern gießen.

Die Zwiebeln müssen mindestens 4 Wochen ziehen, um den vollen Geschmack zu entwickeln.

Mein Tipp:

Gemüsesülze

Ein ideales Essen für heiße Sommertage. Beim Gemüse können Sie variieren – nach Geschmack und Angebot.

(für 4 Portionen)

- **¾ l heiße Fleischbrühe**
- **Salz und Pfeffer**
- **3 EL Weißweinessig**
- **100 ml Weißwein**
- **10 Blatt Gelatine**
- **Rapsöl zum Einfetten der Form**
- **blanchiertes Gemüse (etwa Paprikaschoten, Möhrenscheiben, Mais, Erbsen, Blumenkohlröschen, Champignons) nach Belieben**

1. Fleischbrühe erkalten lassen und Fett abnehmen. Mit Salz und Pfeffer abschmecken und erhitzen, aber nicht kochen. Essig und Weißwein zugeben.

2. Gelatine 5 Minuten in kaltem Wasser einweichen, anschließend gut ausdrücken und in der nicht zu heißen Flüssigkeit auflösen.

3. Eine Form mit Speiseöl einfetten und von der schon abgekühlten Brühe so viel hineingießen, dass der Boden etwa 1 Zentimeter bedeckt ist. Im Kühlschrank fest werden lassen.

4. Einen Teil des Gemüses auf der festen Masse verteilen, mit Brühe übergießen und erneut im Kühlschrank fest werden lassen. Den Vorgang wiederholen. Die Sülze gut kühlen.

5. Zum Stürzen die Form 1 Minute in ein heißes Wasserbad tauchen.

Beim Einfüllen der Gemüsesorten auf die Farbabfolge achten. Dazu passen Bratkartoffeln. Im Kühlschrank hält sich die Sülze 1–2 Wochen.

Mein Tipp:

Schweinesülze

(für 4 Portionen)

- 600 g Schweinefleisch aus dem Rücken (leicht gepökelt)
- 250 g kleine Möhren
- 250 g kleine Bohnen
- 250 g kleine Champignons
- 1 Zwiebel
- ½ l Weißwein
- ½ l Wasser
- ⅜ l Essig
- 3 Nelken
- 1 Lorbeerblatt
- Salz und Pfeffer
- 14 Blatt weiße Gelatine

1. Schweinefleisch in reichlich heißem Wasser etwa 90 Minuten garen, abkühlen lassen und in 2 Zentimeter große Würfel schneiden.

2. Möhren, Bohnen und Pilze putzen, Möhren schälen, Bohnen eventuell entfädeln. Gemüse blanchieren. Zwiebel schälen und halbieren.

3. Weißwein, Wasser und Essig mit Zwiebel, Nelken und Lorbeerblatt in einen Topf geben und aufkochen, 5 Minuten köcheln. Durch ein Sieb in einen sauberen Topf gießen. Mit Pfeffer und Salz würzen. Die eingeweichte Gelatine unterrühren.

4. In eine Kastenform einen Spiegel gießen. Eine Lage Schweinefleisch einschichten, mit Brühe begießen. Darüber Möhren, Bohnen, Champignons verteilen und wieder mit Brühe begießen. Zuletzt eine Lage Schweinefleisch auf das Gemüse legen und mit Brühe bedecken. Die Kastenform einige Male aufstoßen, damit Luftbläschen entweichen können. Etwa 12 Stunden im Kühlschrank gelieren lassen.

Mein Tipp: ____________________

____

____

Sauerfleisch

(für 4–6 Portionen)

- 1 Fleischbrühwürfel
- 1 l Wasser
- 50 g Zwiebeln oder Schalotten
- 10 Pfefferkörner
- 2 Lorbeerblätter
- 6 EL Essigessenz (25%)
- Salz
- 1 kg magerer Schweinebauch (klein geschnitten)
- 10 Blatt weiße Gelatine

1. Brühwürfel in Wasser auflösen und zum Kochen bringen. Zwiebeln oder Schalotten abziehen. Zwiebeln oder Schalotten, Pfefferkörner, Lorbeer, Essig und Salz zugeben und das Fleisch etwa 1 Stunde darin garen. Fleisch aus der Brühe nehmen, Brühe durch ein Sieb in einen sauberen Topf gießen und die eingeweichte, gut ausgedrückte Gelatine darin auflösen.

2. Fleisch in eine flache Schüssel oder Steingut-Auflaufform geben. Die Fleischbrühe abschmecken, eventuell noch mit 1 Esslöffel Essigessenz nachwürzen, über das Fleisch gießen und im Kühlschrank erstarren lassen.

Mein Tipp: ____________________

____

____

Saure Zipfel

Eine fränkische Spezialität aus Schweinebratwürsten, zu der am besten Bauernbrot schmeckt.

(für 4 Portionen)

- **1 l Wasser, ⅛ l Obstessig**
- **2 Zwiebeln**
- **1 Prise Salz**
- **1 Lorbeerblatt**
- **1 TL zerstoßene schwarze Pfefferkörner**
- **1 Gewürznelke**
- **1 EL Zucker**
- **8 kleine Bratwürste vom Schwein**
- **2 Möhren**

1. Für den Sud Wasser mit Obstessig aufkochen. Zwiebeln schälen, in Ringe schneiden und zugeben. Alle Gewürze und Zucker unterrühren, einmal aufkochen, dann Würste sowie die geschälten, gestiftelten Möhren hineingeben. Etwa 10–15 Minuten bei schwacher Hitze durchziehen lassen.

2. Je 2 Paar Würste auf tiefe Teller verteilen und mit etwas Sud und dem Gemüse garniert servieren.

Mein Tipp:

Rollmops

Er gilt als das »Katerfrühstück« schlechthin. Rollmöpse schmecken aber auch gut zu Bratkartoffeln, zu Brot oder einfach zwischendurch.

(für 12 Stück)

- **6 Salzheringe**
- **1 EL scharfer Senf**
- **2 kleine Gewürzgurken (in Scheiben)**
- **1 fein gehackte Zwiebel**
- **1 EL Kapern, ¼ l Essig**
- **⅛ l Wasser**
- **2 Zwiebeln in Scheiben**
- **8 Pfefferkörner**
- **2 Lorbeerblätter, Senfkörner**

1. Heringe wässern, anschließend entgräten und längs halbieren. Die Hälften mit Senf bestreichen, mit Gurkenstückchen, fein geschnittenen Zwiebeln und Kapern belegen und aufrollen. Mit einem Zahnstocher feststecken. Rollmöpse in ein Glas legen.

2. Aus den übrigen Zutaten einen Sud kochen und über die Rollmöpse gießen. Etwa 3–5 Tage ziehen lassen.

Mein Tipp:

Bratheringe

Eingelegte Bratheringe schmecken am besten zu Bratkartoffeln und einem grünen Salat. Eine gute Möglichkeit, um den großen Fang eines passionierten Anglers zu verwerten.

(für 8 Stück)

- **8 küchenfertige grüne Heringe**
- **Milch zum Einlegen**
- **6 große Zwiebeln**
- **6 EL Öl**
- **3 Lorbeerblätter**
- **2 EL Senfkörner**
- **8 Pimentkörner**
- **3 Wacholderbeeren**
- **600 ml Weinessig**
- **600 ml Hühnerbrühe**
- **Salz**
- **2 EL Zucker**
- **4 EL Zitronensaft**
- **Pfeffer**
- **5 EL Mehl**

1. Grüne Heringe eine Nacht vor dem Braten in Milch einlegen.

2. Zwiebeln schälen und in feine Ringe schneiden. 2 Esslöffel vom Öl erhitzen, Lorbeer, Senfkörner, Pimentkörner und Wacholder darin anrösten. Zwiebeln zugeben, mit Essig und Brühe ablöschen und mit Salz und Zucker abschmecken. 10 Minuten köcheln lassen. Abkühlen lassen.

3. Heringe aus der Milch nehmen und trockentupfen. Mit Zitronensaft, Salz und Pfeffer würzen, dann in Mehl wenden. In einer großen beschichteten Pfanne 4 Esslöffel Öl erhitzen. Heringe auf jeder Seite 3–4 Minuten goldbraun braten. Auf Küchenpapier abtropfen lassen.

4. Heringe in eine tiefe Form legen. Mit dem Sud bedecken. Abdecken und mindestens 2 Tage durchziehen lassen.

Man kann statt Heringen auch Forellen einlegen. Dann in die Marinade einige Korianderkörner geben.

Mein Tipp:

Sauer macht lustig

Das milchsaure Einlegen von Gemüse nimmt eine Sonderstellung unter allen Konservierungsmethoden ein. Denn dabei werden die Lebensmittel mit Hilfe von Milchsäurebakterien haltbar gemacht. Diese Bakterien sind auf Gemüse ganz natürlich vorhanden und bauen Kohlenhydrate zur konservierenden Milchsäure ab. Um die Hefen oder die Schimmelpilze zu bannen, die sich trotzdem bilden können, ist es allerdings nötig, Kochsalz unterzumischen.

Es eignen sich viele Gemüse für das milchsaure Einlegen, unter anderem Kohl, Bohnen, Lauchzwiebeln, Olive oder Paprika. Man schneidet das Gemüse in Stücke und füllt es in saubere, heiß ausgespülte Einmach- oder Twist-off-Gläser. Anschließend füllt man die Gläser mit aufgekochtem und handwarm abgekühltem Salzwasser (auf 1 Liter Wasser 20 Gramm Salz) auf. Die Gläser werden gut verschlossen und 8 bis 10 Tage bei etwa 20 Grad stehen gelassen. Dann muss das Eingelegte 4 bis 6 Wochen im Kalten (bei 4 bis 10 Grad) reifen. Kühl gelagert ist das milchsauer eingelegte Gemüse ungefähr 3 Monate haltbar.

Darauf sollten Sie achten:

- **Verwenden Sie** zum Einsalzen Koch- oder Meersalz ohne Zusatz von Jod oder Fluor und für die Lake frisches, kalkfreies Mineralwasser. Zum Abdecken ungeeignet sind Metalldeckel – Salz und Säure greifen sie an.

- **Achten Sie** auf absolute Sauberkeit bei Zutaten und Arbeitsgeräten.

- **Das Gärgefäß** sollten Sie nach dem Gärungsprozess in einen abgedunkelten kühlen Raum stellen oder mit Tüchern abdecken.

Sauerkraut

Zutaten:

- **1 kg fester Weißkohlkopf (Winterkohl)**
- **20 g Salz, 4 Wacholderbeeren**
- **1 Apfel**

MILCHSA

1. Steinguttopf mit kochendem Wasser gut ausspülen und abtrocknen. Vom Weißkohl die äußeren losen Blätter entfernen, den Rest waschen und fein hobeln, Strunk dabei entfernen. Kohlstreifen abwechselnd mit dem Salz fest mit der Hand in den Steinguttopf pressen. Wacholder zugeben. Apfel waschen, schälen, in Scheiben schneiden, zugeben.

2. Alles mit einem Teller und einem sauberen Tuch bedecken und mit einem Gewicht beschweren, sodass der Gemüsesaft nach oben gedrückt wird. 8–10 Tage sollte der Topf warm gestellt werden, danach ist er 4–6 Wochen kühl aufzubewahren. Tuch anfangs häufiger wechseln.

Milchsaure Salzgurken

Zutaten für etwa 5–6 Gläser à 500 ml:
- **2½ kg mittelgroße Einlegegurken**
- **1 Stück Meerrettich, 4 Estragonzweige, 4 Dillzweige**
- **3 Weinblätter, 2 TL weiße Pfefferkörner, 50 g Salz**

1. Gurken in einer Schüssel mit kaltem Wasser bedecken, über Nacht stehen lassen. Dann abspülen und abtrocknen. Meerrettich schälen, klein schneiden. Kräuter und Weinblätter waschen und abtropfen lassen.

2. Gurken, Meerrettich, Estragon, Dill und Weinblätter zusammen mit den Pfefferkörnern lagenweise in das Gefäß schichten. Salz in 1 Liter Wasser auflösen und über die Gurken gießen, sodass sie vollständig mit Flüssigkeit bedeckt sind. Einen flachen Teller aufs Gefäß setzen und mit einem Stein beschweren. Oder Gefäß mit einer doppelten Lage Pergamentpapier bedecken, Papier mit einer Schnur festbinden.

3. Gurken an einem kühlen Ort mindestens 4 Wochen stehen lassen, gelegentlich kontrollieren. Bildet sich nach einiger Zeit auf der Lake eine weißliche Hefeschicht, Gurken abspülen und Flüssigkeit erneuern.

UER EINLEGEN

In Öl einlegen und mit Fett konservieren

Kinderleichtes Konservieren

Einfach und wirklich unkompliziert ist das Konservieren in Öl beziehungsweise Fett. Spezielle Arbeitsgeräte sind hierbei nicht nötig. Auch die Vorbereitungszeit ist im Vergleich zu anderen Methoden sehr kurz.

Das Öl schließt die Lebensmittel luftdicht ein und verhindert das Wachstum von Mikroorganismen, wie Schimmelpilzen, Hefen oder Bakterien. Schon die alten Griechen wussten um diese Eigenschaft des Öls und machten Oliven und Käse darin haltbar.

Darauf sollten Sie achten:

- Verwenden Sie möglichst qualitativ hochwertige Lebensmittel.
- Das A und O des Geschmacks ist das Öl. Olivenöl oder Rapsöl eignen sich gut, aber auch jedes andere kaltgepresste Öl guter Qualität.
- Achten Sie auch hier wie bei allen anderen Konservierungstechniken vor allem auf Sauberkeit.

Marinierte Waldpilze

Das Aroma von frischen Waldpilzen ist einfach unwiderstehlich verführerisch. Mit den eingelegten Pilzen lässt sich jede Soße verfeinern. Sie schmecken aber auch als Beilage zu Fleischgerichten.

(für 5–6 Gläser à 375 ml)

- **½ l Weißwein**
- **1 l Weißweinessig**
- **2 EL grobes Meersalz**
- **3 EL Koriander**
- **einige Rosmarinzweige**
- **3 Lorbeerblätter**
- **2 kg frische Pilze**
- **½ l Olivenöl**

1. Weißwein mit Essig in einem Topf mischen, Salz und Gewürze zugeben, das Ganze 15 Minuten kochen.

2. Pilze putzen und halbieren. Die Hälfte der Pilze in die Mischung geben, 10 Minuten köcheln lassen. Anschließend mit einem Schaumlöffel herausnehmen, in einem Sieb gut abtropfen lassen, dann mit der zweiten Hälfte den Vorgang wiederholen.

3. Pilze mit einem Küchentuch vorsichtig trockentupfen und in die vorbereiteten Gläser füllen. Die Gewürze auf alle Gläser aufteilen und die Gläser mit dem Öl auffüllen.

Lassen Sie die Gläser vor dem Verzehr einige Wochen ruhen. Ist ein Glas angebrochen, achten Sie darauf, dass die Pilze immer mit Öl bedeckt sind.

Mein Tipp:

Eingelegte Zwiebeln

Die aus Zentralasien stammende Zwiebel erfreut sich nicht nur als Gemüse, sondern auch als Heilmittel großer Beliebtheit. Zwiebeln werden als traditionelles Hausmittel zur Behandlung von Erkältungen eingesetzt.

(für 3 Gläser à 375 ml)

- **1 kg Schalotten**
- **¼ l Rapsöl**
- **3 EL flüssiger Honig**
- **1 Glas Weißwein**
- **1 Bd. Oregano**
- **1 Bd. Majoran**
- **etwas schwarzer Pfeffer aus der Mühle**

1. Schalotten schälen. 2 Esslöffel vom Rapsöl erhitzen und Schalotten von allen Seiten goldgelb andünsten. Honig und Weißwein zufügen, 2 Minuten schmoren lassen.

2. Inzwischen Oregano und Majoran waschen, Blättchen von den Stielen zupfen und zu den Schalotten geben. Mit Pfeffer abschmecken. Schalotten erkalten lassen, in ein Glas füllen und mit Rapsöl auffüllen.

Dazu passt luftgetrockneter Schinken, kalter Braten und Baguette. Die Schalotten an einem dunklen kühlen Ort aufheben. So halten sie sich 3 Wochen.

Mein Tipp:

Bärlauchöl

(für 500 ml)

- **3 Hand voll frischer junger Bärlauch**
- **½ l Olivenöl**

Bärlauch waschen und trockentupfen, anschließend fein schneiden und in ein Glas geben. Mit Olivenöl auffüllen, verschließen und im Kühlschrank aufbewahren.

Wer es scharf mag, kann eine entkernte und klein geschnittene Chilischote mit in das Glas geben. Bärlauchöl ist eine ideale Zutat für Soßen, Dressings oder zum Marinieren von Grillfleisch.

Mein Tipp:

Dillöl

Nicht nur Alkohol und Essig, auch Öle lassen sich durch die Zugabe von Kräutern und Gewürzen aromatisieren. Am besten eignen sich mildes Rapsöl, Erdnussöl, Sonnenblumenöl, Distel- oder Olivenöl. Abgesehen von einigen sehr kräftigen Sorten überlagern diese Öle nicht das Aroma der Gewürze und Aromen. Kleine Flaschen sind ideal, bewahren Sie diese an einem dunklen kühlen Ort auf. Ungeöffnete Flaschen halten sich 3–6 Monate.

(für 2 Flaschen à 500 ml)

1 Bd. Dill

2 Lorbeerblätter

2 TL rosa Pfefferkörner

1 l Rapsöl

1. Dill waschen und trockentupfen. Zusammen mit Lorbeer und Pfefferkörnern in die beiden Flaschen geben.

2. Mit Rapsöl auffüllen. Flaschen 3 Wochen an einem dunklen Ort ziehen lassen.

Mein Tipp:

Estragonöl

(für 2 Flaschen à 500 ml)

1 Bd. Estragon

3 TL Senfkörner

1 l Rapsöl

1. Estragon waschen und trockentupfen. Zusammen mit den Senfkörnern in die beiden Flaschen geben.

2. Mit Rapsöl auffüllen. Flaschen 3 Wochen an einem dunklen Ort ziehen lassen.

Mein Tipp:

Knoblauchöl

(für 2 Flaschen à 500 ml)

8 Knoblauchzehen

2 Thymianzweige

1 l extra natives Olivenöl

1. Knoblauch abziehen und halbieren. Zusammen mit den gewaschenen Thymianzweigen in die beiden Flaschen geben.

2. Mit Olivenöl auffüllen. Flaschen 3 Wochen an einem dunklen Ort ziehen lassen.

Mein Tipp:

Korianderöl

(für 300 ml)

100 g frischer Koriander

300 ml Olivenöl

1. Koriander mit Stielen 15 Sekunden blanchieren. In Eiswasser abschrecken, abtropfen lassen und mit Küchenpapier trockentupfen.

2. Koriander mit dem Olivenöl im Mixer pürieren und über Nacht in einem Gefäß ziehen lassen. Am nächsten Tag das Öl durch ein Sieb in eine Flasche gießen.

Hält sich gut verschlossen im Kühlschrank 2 Wochen.
Vor Gebrauch schütteln.

Mein Tipp:

Schafkäse in Knoblauchöl

Schafkäse wird aus der Milch von Schafen hergestellt. Lieblicher schmeckt Feta-Käse, der aus Kuhmilch zubereitet wird. Er lässt sich genauso gut im Öl einlegen.

(für 3–4 Gläser à 200 ml)

700 ml Olivenöl
½ kg Schafkäse
3–4 Peperoni
4 Knoblauchzehen
2 Thymianzweige
2 Stängel Bohnenkraut
3 Salbeiblätter
10 schwarze Oliven
20 Pfefferkörner
6 Wacholderbeeren
4 Rosmarinnadeln

1. Den Boden der Gläser mit etwas Öl bedecken. Schafkäse in mundgerechte Würfel schneiden.

2. Peperoni waschen, Knoblauch abziehen. Thymian, Bohnenkraut und Salbei abspülen und trockentupfen.

3. Käse abwechselnd mit Peperoni, Knoblauch, Thymian, Bohnenkraut, Salbei, Oliven, Pfefferkörnern, Wacholderbeeren und Rosmarin in die vorbereiteten Gläser schichten. Restliches Olivenöl darüber gießen und die Gläser luftdicht verschließen.

4. An einem kühlen Ort 1 Woche durchziehen lassen. Käse nach Bedarf entnehmen, jedoch darauf achten, dass der Schafkäse immer mit Öl bedeckt ist.

Eine leckere Beilage, unter anderem zu kurz gebratenem Fleisch. Die Schafkäsewürfel schmecken ebenfalls hervorragend zu frischem Baguette oder im Salat.

Mein Tipp:

Getrocknete Tomaten in Öl

Verwenden Sie möglichst aromatisch-süße Freilandtomaten. Ihr Geschmack ist einfach besser.

(für 4 Gläser à 200 ml)

- 1 kg feste kleine Tomaten
- 2 EL Salz
- 1 EL getrocknetes Basilikum
- 4 EL Olivenöl
- 4 Rosmarinzweige
- 4 Thymianzweige
- 4 Knoblauchzehen
- Olivenöl zum Aufgießen

1. Einen Backofenrost mit Backpapier belegen. Tomaten waschen, abtrocknen und halbieren. Tomaten mit der Schnittfläche nach oben auf den Rost setzen. Salz, Basilikum und Öl darüber träufeln.

2. Tomaten in den auf 40 Grad vorgeheizten Backofen schieben, Tomaten 8–12 Stunden bei spaltbreit geöffneter Tür trocknen lassen. Die Tomaten sollten sich samtig und elastisch anfühlen und dürfen auf Druck keine Flüssigkeit abgeben.

3. Tomaten in Gläser schichten. Rosmarin, Thymian waschen und in die Gläser geben. Knoblauch schälen und ebenfalls zugeben. Mit Olivenöl auffüllen und Gläser verschließen.

Getrocknete Tomaten sind eine aromatische Zutat in Salaten, Nudelsoßen, Eintöpfen und zu Bratkartoffeln. Die getrockneten Tomaten halten 2 Jahre.

Mein Tipp:

Marinierte Auberginen

Die in Indien beheimateten Auberginen sind in reifem Zustand etwas bitter im Geschmack. Früher glaubte man, sie würden Geisteskrankheiten hervorrufen. Heute weiß man, sie wirken beruhigend.

(für 3 Gläser à 370 ml)

- **1 kg Auberginen**
- **Salz**
- **100 ml Olivenöl**
- **4 Knoblauchzehen**
- **einige getrocknete rote Chilischoten**
- **100 ml Zitronensaft**
- **Kreuzkümmelsamen**
- **etwa 350 ml Olivenöl zum Aufgießen**

1. Auberginen waschen und in 1 Zentimeter dicke Scheiben schneiden. Auberginenscheiben in eine Schüssel legen, mit reichlich Salz bestreuen und 30 Minuten Saft ziehen lassen.

2. Auberginenscheiben mit Küchenpapier abtupfen. Öl in einer Pfanne erhitzen, Auberginen darin nach und nach anbraten und nebeneinander auf Backblechen verteilen.

3. Knoblauch schälen, durch die Presse geben und Auberginen damit bestreichen. Chilis grob zerstoßen und darüber streuen. Die Hälfte des Zitronensaftes darüber träufeln und mit Kreuzkümmel bestreuen.

4. Auberginenscheiben in Gläser schichten, restlichen Zitronensaft darüber träufeln. Mit Olivenöl auffüllen. Gläser verschließen.

Mein Tipp:

Knoblauch-Oliven

Ein mediterranes Rezept mit schwarzen Oliven, die vor allem in Griechenland verarbeitet werden. Oliven wirken appetitanregend und sind gut für die Leber.

(für 2 Gläser à 370 ml)

- **½ kg schwarze Oliven mit Stein**
- **1–2 frische Chilischoten**
- **4–6 kleine Thymianzweige**
- **2–3 kleine Rosmarinzweige**
- **4 Knoblauchzehen**
- **2–3 Lorbeerblätter**
- **½ l Olivenöl**

1. Oliven rundherum mit einer Gabel einstechen. Chilis waschen, entkernen und klein schneiden. Thymian und Rosmarin waschen, trockentupfen. Knoblauch schälen und klein schneiden.

2. Mit den Lorbeerblättern die Zutaten in Gläser schichten. Mit Olivenöl auffüllen und Gläser fest verschließen.

Mein Tipp:

Kräuter-Ziegenkäse

Die eingelegten Käse lassen sich 6–8 Wochen aufbewahren. Nett verpackt sind sie ein hübsches kulinarisches Geschenk.

1. Kräuter waschen und trockentupfen. Knoblauch schälen.

2. Ziegenkäse sorgfältig in Gläser schichten. Lorbeerblätter dazustecken. Kräuterzweige zwischen die Käse geben. Pfefferkörner darüber verteilen. Olivenöl darüber gießen. Gläser fest verschließen.

(für 2 Gläser à 370 ml)

- **3 Zitronenthymianzweige**
- **1 kleiner Rosmarinzweig**
- **2 Knoblauchzehen**
- **6–8 kleine feste Ziegenkäse**
- **2 Lorbeerblätter**
- **10 schwarze Pfefferkörner**
- **600 ml Olivenöl**

Mein Tipp:

Eingelegte Kräuter

Kräuter in Öl einzulegen ist eine Konservierungsmethode, die das Aroma sehr gut erhält.

1. Die trockenen Kräuterblätter abzupfen, fein hacken und mit feinem Salz vermischen (auf 100 Gramm Blätter etwa 1 Teelöffel Salz).

2. Kräuter in ein Deckelglas schichten und mit Sonnenblumen- oder Olivenöl übergießen, bis das Öl die Kräuter bedeckt.

3. Durch vorsichtiges Aufklopfen auf eine Unterlage die Luftblasen entfernen, Glas verschließen und im Kühlschrank aufheben (hält mehrere Monate, wenn nach Entnahme wieder Öl aufgegossen wird).

(1 Glas)

- **Kräuter**
- **Salz**
- **Sonnenblumen- oder Olivenöl**

Mein Tipp:

Salat im Glas

Mit diesem erfrischenden Salat, der sich bei richtiger Lagerung monatelang hält, fangen Sie den Sommer im Glas ein.

(für 7–8 Gläser à 375 ml)

½ kg Zwiebeln

1 kg Möhren

3 kg Tomaten

½ kg Paprikaschoten

½ kg Auberginen

¼ l Olivenöl

2 EL Zucker

Salz

Pfeffer

1. Gemüse waschen und putzen, würfeln und getrennt im Öl anbraten. Alles in einen großen Topf geben und 90 Minuten bei schwacher Hitze köcheln lassen.

2. Zum Schluss mit Zucker, Salz und Pfeffer abschmecken und noch heiß in Gläser füllen. Diese sofort verschließen.

Der Salat schmeckt zu Kurzgebratenem oder einfach zu frischem Baguette.

Mein Tipp:

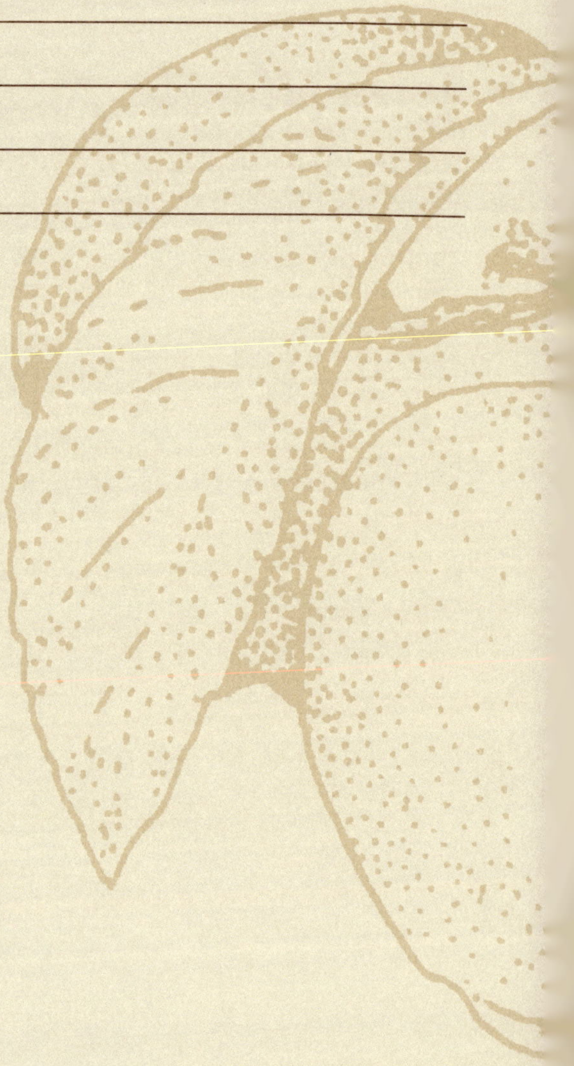

Gänserilette

(für 8 Portionen)

- 8 Gänsekeulen
- 1 EL Salz
- 2 EL schwarze Pfefferkörner
- etwas gerebelter Thymian
- 2 Lorbeerblätter
- 2 EL getrocknete Petersilie
- 250 g Schweineschmalz

1. Gänsekeulen in einen großen Topf geben, mit Wasser bedecken, Salz unterrühren. Pfeffer und Kräuter in einen großen Gewürzbeutel geben und in den Topf legen. Das Ganze aufkochen und etwa 2 Stunden köcheln lassen.

2. Gewürze und Keulen herausnehmen. Haut und Knochen entfernen. Das Fleisch in kleine Stücke schneiden und wieder in die Brühe geben. So lange kochen, bis die Flüssigkeit verkocht und nur noch Fleisch und Fett übrig sind.

3. Schweineschmalz zugeben. Gänserilette in Gläser füllen und kühl stellen.

Hält sich mehrere Wochen im Kühlschrank.

Mein Tipp:

Marinierter Parmesan

Für alle Freunde des italienischen Hartkäses: Der eingelegte Parmesan schmeckt als Beilage zu allen Pastagerichten.

(für 1 Glas à 500 ml)

- 4 Tomaten
- 10 schwarze Oliven
- 250 g Parmesan
- einige Basilikumblätter
- 25 ml Balsamico-Essig
- ⅛ l Olivenöl
- etwas frisch gemahlener schwarzer Pfeffer

1. Tomaten enthäuten, entkernen und in Würfel schneiden. Oliven entkernen, ebenfalls klein würfeln. Parmesan in feine Streifen hobeln. Basilikumblätter fein hacken.

2. Alle Zutaten in ein gut verschließbares Gefäß füllen, gut vermischen, mit Essig und Öl übergießen und pfeffern. Über Nacht im Kühlschrank ziehen lassen.

Mein Tipp:

Marinierte Paprika

Im Winter erreicht der Preis für frische Paprikaschoten meist astronomische Höhen. Dann sind diese eingelegten Paprikaschoten eine willkommene vitaminhaltige Abwechslung.

(für 4 Gläser à 200 ml)

- **je 2 rote und 2 gelbe Paprikaschoten**
- **¼ l Weißweinessig**
- **1 TL Meersalz**
- **8 Knoblauchzehen**
- **4 Rosmarinzweige**
- **4 Lorbeerblätter**
- **600 ml Olivenöl**

1. Den Backofen auf höchster Stufe vorheizen. Paprikaschoten waschen, halbieren und mit der Hautseite nach oben auf ein Backblech legen. Paprikaschoten im Ofen 15–20 Minuten backen, bis die Haut Blasen wirft und dunkel gebräunt ist. Schoten aus dem Ofen nehmen, in einen Gefrierbeutel geben und richtig schwitzen lassen, dann die Haut abziehen. Schoten vierteln, vom Stielansatz sowie den Trennwänden und allen Kernen befreien.

2. In einem Topf Essig mit ½ Liter Wasser und Salz zum Kochen bringen. Knoblauch abziehen und ganz in den Sud geben, etwa ½ Minute kochen lassen. Herausheben. Paprikaschoten und gewaschenen Rosmarin portionsweise ebenfalls etwa ½ Minute im Sud kochen lassen.

3. Schoten und Rosmarin aus dem Sud heben und auf sauberen Küchentüchern gründlich abtropfen lassen, zusätzlich mit Küchenpapier trockentupfen.

4. Paprikaviertel mit je 1 Zweig Rosmarin, 1 Lorbeerblatt und 2 Knoblauchzehen in vorbereitete Gläser füllen. So viel Öl aufgießen, dass die Schoten ganz bedeckt sind. Die Schoten vorm Servieren mindestens 5 Tage ziehen lassen.

Mein Tipp:

Schafkäse in pikantem Öl

Der eingelegte Schafkäse eignet sich als Beilage zum Abendbrot oder zu Salaten. Lässt sich auch gut verschenken.

1. Käse in gleichmäßig große mundgerechte Würfel schneiden. Peperoni anritzen, Knoblauchzehen abziehen und halbieren. Zwiebel abziehen und in dünne Ringe schneiden.

2. Käsewürfel abwechselnd mit den Würzzutaten dekorativ in Gläser mit gut schließendem Deckel schichten. So viel Olivenöl darüber gießen, dass der gesamte Inhalt bedeckt ist. Gläser verschließen und Käse mindestens 24 Stunden durchziehen lassen. Gut gekühlt hält sich der eingelegte Käse 4 Wochen.

Mein Tipp: ______

(für 4 Gläser à 200 ml)

- **½ kg Schaf- oder Fetakäse**
- **10 eingelegte grüne oder rote Peperoni**
- **4 Knoblauchzehen**
- **1 kleine Zwiebel**
- **2 TL Gyros-Gewürzmischung**
- **TL bunte Pfefferkörner**
- **½ l Olivenöl**

Pikant eingelegter Knoblauch

Den in Weißwein eingelegten Knoblauch kann man wie frischen Knoblauch in der Küche zum Würzen weiterverwenden.

1. Knoblauchknollen schälen und zerteilen und mit allen Zutaten außer dem Öl 3 Minuten kochen. Zugedeckt über Nacht stehen lassen.

2. Am nächsten Tag noch einmal 5 Minuten kochen. Knoblauch abkühlen lassen. Mit dem Sud in Gläser füllen und etwas Öl darüber geben.

Damit das Schälen der Zehen leichter geht: Zehen mit kochendem Wasser begießen, 2 Minuten ziehen lassen und abgießen. Erst jetzt schälen.

Mein Tipp: ______

(für 2–4 Gläser à 200 ml)

- **10 Knoblauchknollen**
- **½ l Weißwein**
- **100 ml Essigessenz**
- **75 g Zucker**
- **1 Chilischote**
- **4 Lorbeerblätter**
- **2 TL Salz, 1 TL Rosmarin**
- **1 TL Thymian**
- **1 TL Pfefferkörner**
- **etwas Olivenöl**

Knoblauchwurst

Im Kühlschrank hält sich die Knoblauchwurst gut und gern 4–5 Monate. Und ganz nebenbei ist es ein tolles Geschenk!

(für 2–4 Gläser à 200 ml)

- **½ kg mageres Schweinefleisch aus der Schulter**
- **250 g Speck**
- **½ TL Zucker**
- **2 Knoblauchzehen**
- **½ TL Kümmelpulver**
- **2 EL Wein**
- **1 EL Salz**
- **½ EL schwarzer Pfeffer**

1. Fleisch und Speck durch die feine Scheibe des Fleischwolfes drehen. Wenn man keinen Fleischwolf hat, kann man sich das Fleisch auch beim Metzger durchdrehen lassen.

2. Das fein Gehackte zusammen mit den anderen Zutaten gut mischen, mit Salz und Pfeffer abschmecken und in Gläser füllen (Gläser nur zu zwei Drittel füllen, da die Wurstmasse etwas quillt).

3. Gläser im Wasserbad für etwa 60 Minuten in dem auf 180 Grad vorgeheizten Backofen sterilisieren. Nach dem Abkühlen nochmals den festen Sitz der Deckel überprüfen.

Mein Tipp:

Schmalzfleisch

Zum Schmalzfleisch, das nichts für Kalorienzähler ist, passt frisches Bauernbrot und saure Gurken. Das Fleisch hält sich mehrere Wochen im Kühlschrank.

(für 4–6 Gläser à 200 ml)

- **1½ kg Schweinefleisch (Schweineschulter mit Schwarte und Knochen)**
- **½ kg Bauchspeck**
- **400 g Zwiebeln**
- **3 Knoblauchzehen**
- **4 Lorbeerblätter**
- **1 TL schwarze Pfefferkörner**
- **1 TL Majoran**
- **1 TL Thymian**
- **25 g Salz, ½ l heißes Wasser**

1. Schweinefleisch in 1–2 Zentimeter große Stücke schneiden. Speck klein schneiden. Zwiebeln und Knoblauch schälen und grob hacken. Speck in einem Topf auslassen, Zwiebeln und Knoblauch zugeben und goldbraun braten. Fleisch und Gewürze zugeben und leicht anbraten. Mit dem heißen Wasser aufgießen und etwa 3 Stunden köcheln lassen.

2. Zwischendurch umrühren. Die letzte halbe Stunde Deckel abnehmen und unter Rühren weiterkochen. Lorbeerblätter entfernen und das Fleisch mit dem Holzlöffel zerstampfen. Portionsweise in kleine Gläser füllen.

Mein Tipp:

Ölsardinen

Eingelegte Sardinen isst man meist pur zum Butterbrot. Man kann auch einen Dip zubereiten, indem man Sardinen mit etwas Zitronensaft, Frischkäse und Kräutern zu einer Paste verrührt. Sardinen besitzen relativ fettes Fleisch.

(für 2–3 Gläser à 200 ml)

1 kg Sardinen

1 EL Salz

200 ml Essig

300 ml Olivenöl

1. Sardinen waschen und säubern, dabei die Köpfe und die Innereien entfernen. In einem Sieb 2–3 Stunden gut abtropfen lassen.

2. Sardinen salzen und in eine schmale Schale oder Schüssel legen. Essig zugeben. Abdecken und 4 Stunden ruhen lassen.

3. Sardinen herausnehmen und sie mit einem kleinen Messer längs in 2 Hälften teilen, Rückgrat entfernen. Filets wieder in den Essig zurücklegen und dort noch einmal 5 Stunden ruhen lassen.

4. Sardinen herausnehmen, auf Küchenpapier abtropfen lassen und in ein Glas geben. Mit Olivenöl bedecken und das Glas fest verschließen. Die Sardinen sind 5 bis 6 Monate haltbar.

Mein Tipp:

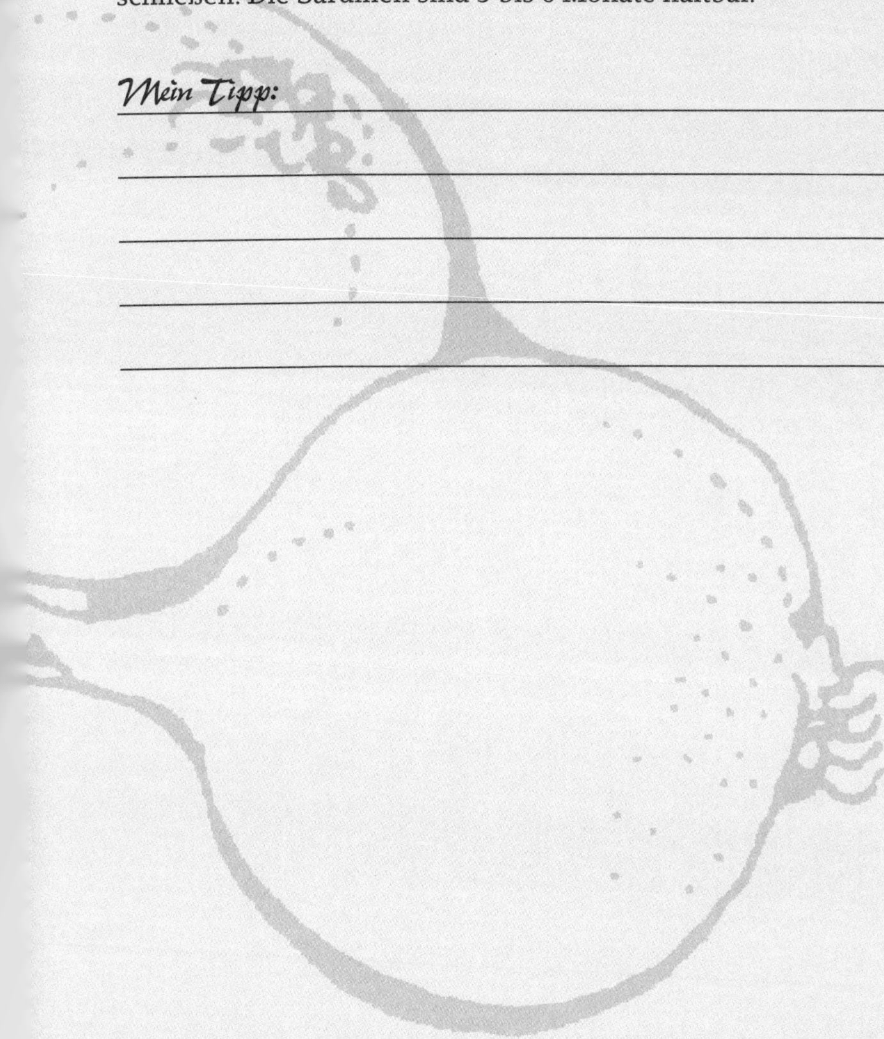

Ajvar

Die jugoslawische Paprikasoße schmeckt gut zu gegrilltem Lamm- und Geflügelfleisch. Im Kühlschrank hält sie sich 7–10 Tage.

(für 2–3 Gläser à 200 ml)

3 rote Paprikaschoten
2 EL Olivenöl
1 rote Peperoni
1 Aubergine
2 Knoblauchzehen
1 Zwiebel
1 Fleischtomate
8 EL Olivenöl
2 EL Zitronensaft
Salz
Pfeffer
Paprikapulver, edelsüß

1. Paprika halbieren, putzen, waschen und vierteln. Mit der Hautseite nach oben auf ein gefettetes Backblech legen und 15 Minuten im vorgeheizten Backofen bei 200 Grad backen.

2. Paprika in einen Gefrierbeutel legen oder mit einem feuchten Tuch abdecken. Nach etwa 10 Minuten die Haut abziehen.

3. Aubergine waschen, Enden abschneiden, Aubergine schälen und würfeln. Peperoni waschen, halbieren und entkernen.

4. Knoblauch abziehen, in Würfel schneiden. Tomate häuten und das Fruchtfleisch fein würfeln.

5. Alle Zutaten mit Öl und Zitronensaft in eine Rührschüssel geben und mit dem Pürierstab zerkleinern (nicht zu fein, kein Mus). Mit den Gewürzen abschmecken.

Mein Tipp:

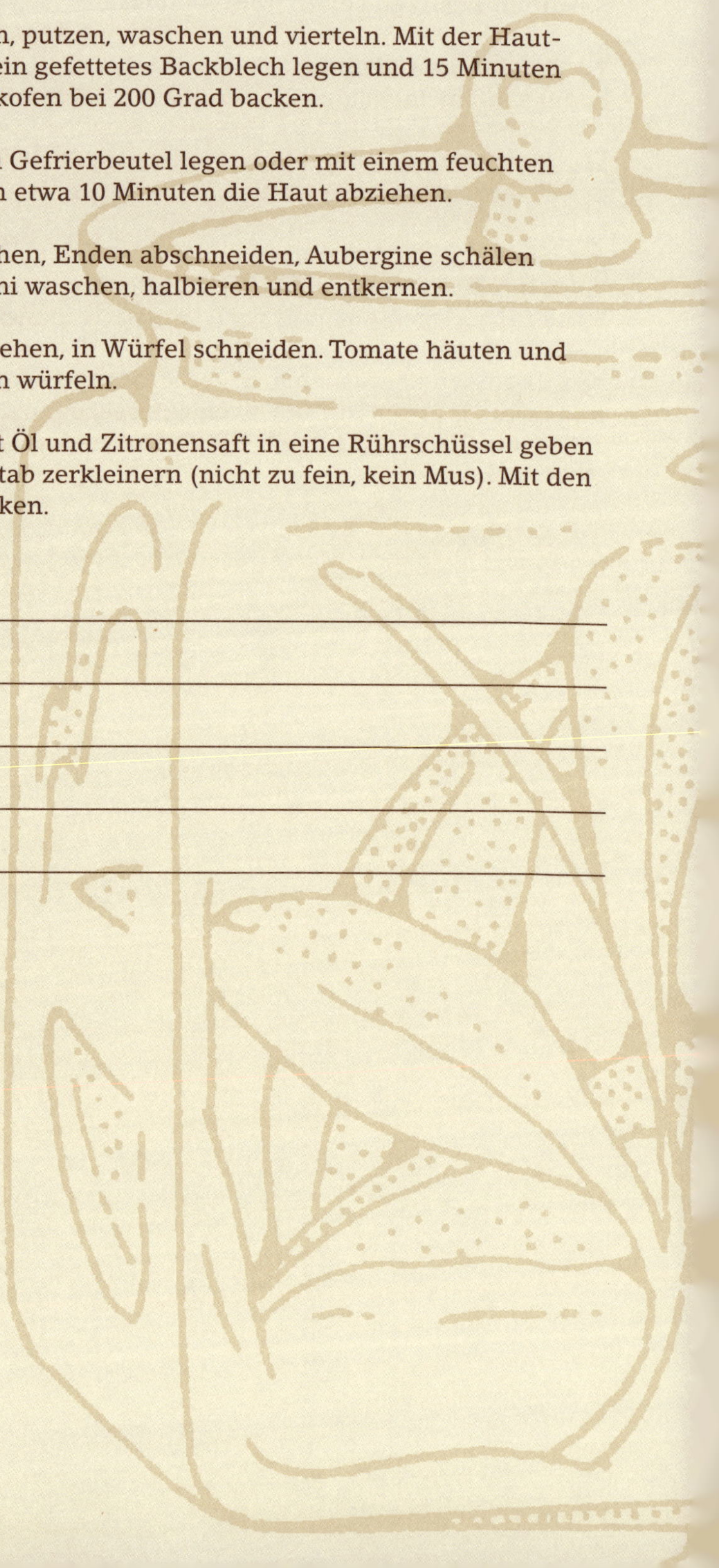

Basilikum-Pesto

In Italien reicht man Pesto zu Spaghetti und anderen Pastagerichten. Im Kühlschrank hält es sich 1–2 Wochen. Soll es länger haltbar gemacht werden, kann man es portionsweise einfrieren.

1. Pinienkerne trocken in einer Pfanne rösten, etwas abkühlen lassen. Pinienkerne, abgezupfte und gewaschene Basilikumblätter, Knoblauchzehen in eine Küchenmaschine geben und pürieren.

2. Parmesan in kleine Stückchen schneiden, zugeben und nach und nach mit dem Öl zu einer Paste mixen. Danach eventuell mit Salz abschmecken.

- **100 g Pinienkerne**
- **1 Bd. Basilikum**
- **3 Knoblauchzehen**
- **70 g Parmesan**
- **⅛ l Olivenöl**
- **Salz nach Belieben**

Mein Tipp:

Macadamia-Pesto

Soll Pesto länger aufbewahrt werden, muss man es im Glas mit einer Schicht Olivenöl bedecken.

1. Macadamianüsse, geschälten Knoblauch und Basilikum mit dem Pürierstab zerkleinern. Olivenöl nach und nach hinzugeben, bis sich alle Zutaten verbunden haben.

2. Zum Schluss geriebenen Parmesan untermischen und mit Pfeffer und Salz abschmecken.

- **150 g Macadamianüsse**
- **2 Knoblauchzehen**
- **150 g gehacktes Basilikum**
- **200 ml Olivenöl**
- **50 g geriebener Parmesan**
- **Salz**
- **Pfeffer**

Mein Tipp:

Petersilien-Pesto

- 2 Knoblauchzehen
- 75 g gehackte glatte Petersilie
- 40 g geröstete Pinienkerne
- 40 g geröstete Mandelblätter
- 65 g geriebener Parmesan
- 150 ml Olivenöl
- Salz
- Pfeffer

Petersilien-Pesto passt hervorragend zu Suppen, Eintöpfen, gekochtem Rindfleisch und Salaten.

1. Knoblauch abziehen. Knoblauch und alle anderen Zutaten in einem Mixer pürieren. Olivenöl langsam zugießen und unterarbeiten.

2. Pesto in ein Glas geben, mit etwas Öl bedecken und kühl stellen.

Mein Tipp: ______________________

Brokkoli-Pesto

Brokkoli-Pesto schmeckt besonders gut zu Tagliatelle und zu Geflügel.

- 1 Bd. Basilikum
- 150 ml Olivenöl
- 125 g geriebener Parmesan
- 125 g Brokkoli (in Röschen)
- 125 g blanchierte Mandeln
- 60 ml Hühnerbrühe
- 6 Knoblauchzehen (geschält)
- 1 EL Balsamico-Essig
- ¼ TL schwarzer Pfeffer

1. Alle Zutaten mischen, in eine Küchenmaschine geben und so lange pürieren, bis eine glatte Paste entsteht.

2. Pesto am besten zusammen mit noch warmen Nudeln servieren.

Mein Tipp: ______________________

Rucola-Pesto

Rucola-Pesto schmeckt am besten zu Pasta. Dazu passt eine große Portion frisch geriebener Parmesan.

1. Rucola, Petersilie und Basilikum waschen und trockenschleudern, Blättchen von den Stängeln zupfen. Knoblauch abziehen.

2. Alle Zutaten gemeinsam pürieren. Zum Schluss mit Salz abschmecken, eventuell noch mit einem zusätzlichen Esslöffel Olivenöl glatt rühren.

- **1 Bd. Rucola (Rauke)**
- **1 Bd. glatte Petersilie**
- **1 Bd. Basilikum**
- **3 Knoblauchzehen**
- **2 EL Olivenöl**
- **3 EL Pinienkerne**
- **3 EL geriebener Parmesan**
- **Salz**

Mein Tipp:

Knoblauch-Pesto

Ein idealer Begleiter für alle Nudelgerichte. Die Zugabe von Schafkäse macht dieses Knoblauch-Pesto zu etwas ganz Besonderem.

1. Basilikumblätter und Pinienkerne in einem Mörser zerkleinern beziehungsweise mischen. Knoblauch mit Schafkäse und Frischkäse zugeben und gut verrühren.

2. Olivenöl tropfenweise unter Rühren unterarbeiten, bis ein soßenartiger, dickflüssiger Brei entstanden ist. Mit Salz, Pfeffer und etwas Zucker abschmecken.

- **30 g Basilikumblätter**
- **20 g gemahlene Pinienkerne**
- **5 Knoblauchzehen (geschält und zerdrückt)**
- **50 g Schafkäse**
- **50 g Frischkäse**
- **3 EL Olivenöl**
- **Salz**
- **Pfeffer**
- **1 Prise Zucker**

Mein Tipp:

Bärlauch-Pesto

Der Geschmack von Bärlauch erinnert an Knoblauch. In vielen europäischen Sprachen bezeichnet man dieses Kraut als »Bärenlauch«, »Bärenzwiebel« oder »Bärenknoblauch«.

- **125 g frischer Bärlauch**
- **100 g Pinienkerne**
- **100 g geriebener Parmesan**
- **60 g gewürfeltes Weißbrot**
- **11 EL Olivenöl**
- **Salz und Pfeffer**

1. Alle Zutaten mit dem Mixer fein pürieren. Zum Schluss mit Salz und Pfeffer abschmecken.

Das Pesto mit etwas Olivenöl bedecken, dann hält es im Kühlschrank etwa 4 Wochen.

Mein Tipp:

Kichererbsen-Pesto

Schon vor mehr als 7 000 Jahren diente die Kichererbse den Menschen als Nahrungsmittel. Römer und Griechen begeisterten sich für diese Hülsenfrucht und im Mittleren Osten kreierte man ihr zu Ehren Humus – Kichererbsenpüree.

- **1 Dose Kichererbsen**
- **1 EL fein gehackte Petersilie**
- **100 g gemahlene Mandeln**
- **100 g geriebener Parmesan**
- **12 EL Öl**
- **einige abgezogene Knoblauchzehen nach Belieben**
- **Salz, fein gehackter Salbei**
- **fein gehacktes Basilikum**

1. Kichererbsen in ein Sieb geben und mit Wasser abspülen. Alle Zutaten mischen, in eine Küchenmaschine geben und so lange pürieren, bis eine glatte Paste entsteht.
2. Pesto am besten warm servieren.

Mein Tipp:

Tomaten-Pesto

Tomaten-Pesto passt gut zu Fisch, Fleisch und Gemüse – und natürlich zu Pasta. Träufelt man etwas Olivenöl auf das Pesto, hält es sich im Kühlschrank 3 Wochen.

30 g Pinienkerne
100 g getrocknete Tomaten
50 g Pecorino-Käse
1 Knoblauchzehe
100 ml Olivenöl
Salz

1. Pinienkerne ohne Fett in einer Pfanne rösten. Tomaten fein hacken. Pecorino reiben. Knoblauch abziehen und grob hacken.

2. Tomaten, Pinienkerne und Knoblauch pürieren. Nach und nach etwas Öl zugießen. Nach Geschmack salzen.

Mein Tipp:

Erdnuss-Pesto

Schmeckt hervorragend zu Fisch, Pasta oder als Brotaufstrich.

2 Knoblauchzehen
60 ml Olivenöl
60 g Basilikumblätter
120 g gesalzene Erdnüsse
30 g Parmesan
schwarzer Pfeffer nach Belieben
50 ml Wasser

1. Knoblauchzehen schälen und etwas klein schneiden.

2. Zehen zusammen mit den anderen Zutaten entweder pürieren oder im Mörser zerstoßen.

Mein Tipp:

Curry-Mayonnaise

Curry-Mayonnaise passt gut zu kaltem Bratenaufschnitt, wer mag, kann die pikante Mayonnaise auch zu Pommes frites essen.

- 125 g Mayonnaise
- 1 TL Curry
- 1 TL Johannisbeergelee
- 2 TL Kondensmilch
- 1 Spritzer Zitronensaft
- 1 Prise Zucker

1. Alle Zutaten miteinander verrühren. Wer kein Johannisbeergelee verträgt oder mag, kann auch Preiselbeergelee verwenden.

Mein Tipp:

Mediterrane Mayonnaise

Eine köstliche Soße zu mediterranen Gerichten, etwa zu gegrilltem Fisch.

- 3 Eigelb
- 70 g sonnengetrocknete Tomaten (klein geschnitten)
- 120 g rote geröstete Paprikaschoten (klein geschnitten)
- 2 EL Tomatenketchup
- 4 Knoblauchzehen (geschält)
- 1 EL Zitronensaft
- 1 TL Salz
- ¼ TL weißer Pfeffer
- 300 ml Olivenöl

1. Eigelbe mit den restlichen Zutaten (außer Olivenöl) in die Küchenmaschine geben und bei laufendem Motor das Olivenöl in langsamem Strahl zugießen. So lange mixen, bis eine Mayonnaise entstanden ist. Eventuell noch einmal mit Salz und Pfeffer abschmecken.

Mein Tipp:

Knoblauch-Mayonnaise

Knoblauch-Mayonnaise, die wie hier mit reichlich frischem Knoblauch zubereitet wird, ist nur etwas für absolute Fans der gesunden Knolle!

1. Knoblauchzehen schälen und durch die Knoblauchpresse drücken. Toastbrot in Wasser einweichen, gut ausdrücken und zum Knoblauch geben.

2. Restliche Zutaten (außer Öl) ebenfalls zugeben. Mit dem Pürierstab gut vermixen. Bei laufendem Pürierstab langsam das Öl unterarbeiten.

- 8 Knoblauchzehen
- 1 Scheibe Toastbrot
- 2 EL Essig
- 2 Eigelb
- Salz
- Pfeffer
- ¼ l Öl

Mein Tipp:

Chili-Knoblauch-Mayonnaise

Chili-Knoblauch-Mayonnaise schmeckt gut zu Fondue oder Raclette, aber auch zu kaltem Braten wie etwa Roastbeef. Sie hält sich im Kühlschrank 1–2 Wochen.

1. Geschälten Knoblauch, entkernte Chilischoten im Mixer zu einer Paste verarbeiten. Etwas Salz und Ei zugeben und gut durchrühren.

2. Das Öl unter Rühren tropfenweise zugeben, bis eine geschmeidige Mayonnaise entsteht. Danach mit Salz und Pfeffer abschmecken.

- 5 Knoblauchzehen
- 2 große rote Chilischoten
- Salz
- 1 Ei
- 200 ml Olivenöl
- Pfeffer

Mein Tipp:

Tomaten-Mayonnaise

Schnell gemacht und einfach lecker. Tomaten-Mayonnaise ist ein Muss zu Gegrilltem.

- 125 g Mayonnaise
- 2 EL Tomatenmark
- 1 EL gehackte Petersilie
- Salz
- Pfeffer

1. Mayonnaise, Tomatenmark und Petersilie verrühren. Mit Pfeffer und Salz abschmecken.

Mein Tipp:

Feine Leberwurst

Selbst gemachte Leberwurst ist zwar etwas aus der Mode gekommen, aber auf dem Lande ist es durchaus auch heute noch üblich, Wurst selbst zuzubereiten.

(für 4 Gläser à 200 ml)

- ½ kg Schweineleber
- 4 EL Portwein
- 250 g mageres Kalbfleisch
- 1 Lorbeerblatt
- 1 TL getrockneter Rosmarin
- 1 TL getrockneter Majoran
- Salz, Pfeffer und Muskat
- 2 EL Kognak
- 1 Zwiebel, 30 g Butter
- 200 g roher Schinken (mager)
- 200 g Speck

1. Leber mit dem Portwein etwa 2–3 Stunden ziehen lassen. Fleisch klein schneiden, in eine große Schüssel geben und mit den Gewürzen und dem Kognak abschmecken.

2. Zwiebel abziehen und fein würfeln. Klein gewürfelte Zwiebel in Butter andünsten und zum Fleisch geben.

3. Fleisch, Speck und Leber durch den Fleischwolf drehen. In Gläser füllen und 120 Minuten bei 100 Grad einkochen.

Mein Tipp:

Kalbfleischterrine

Etwas Besonderes für Gäste. Kalbfleisch ist zart und wohlschmeckend. Frisches Kalbfleisch hat eine dunkelrosa Farbe.

(für 1 Form mit ¾ l Inhalt)

4 dünne Scheiben Speck (fett)
700 g Kalbsbrät oder schieres Kalbfleisch
200 g Schlagsahne
2 Eier
60 ml Portwein
etwas Thymian
Salz und Pfeffer
50 g Pistazien

Für die Einlage:

175 g Kalbsleber
30 g Butter
etwas Calvados
2 Äpfel
30 g Butter

Für das Gelee:

je ⅛ l Portwein und Orangensaft
4 Blatt weiße Gelatine
2 Lorbeerblätter

1. Terrine dicht mit zwei Dritteln der Speckscheiben auslegen, kalt stellen. Kalbfleisch in der Küchenmaschine oder mit dem Mixstab des Handrührgerätes zerkleinern. Kalt stellen. Nach und nach die Hälfte der Sahne, Eier, Portwein, Gewürze und die gehackten Pistazien unterrühren. Zwischendurch immer wieder kalt stellen.

2. Für die Einlage Leber kurz in Butter braten. Anschließend mit Calvados beträufeln. Äpfel waschen, mit einem Ausstecher das Kerngehäuse entfernen, Fruchtfleisch schälen und in 1 Zentimeter dicke Scheiben schneiden. In der Pfanne auf jeder Seite ganz kurz in Butter braten. Leber und Äpfel kalt stellen.

3. Danach beides in Würfel schneiden und vorsichtig unter die Fleischfarce ziehen. Die Farce in die Terrine füllen und glatt streichen. Terrine mit Alufolie abdecken und im Backofen im Wasserbad bei 180 Grad 60 Minuten garen. Terrine etwas abkühlen lassen und stürzen.

4. Für das Gelee Portwein mit in Orangensaft eingeweichter aufgelöster Gelatine verrühren. Über die Terrine gießen und fest werden lassen. Mit Lorbeerblättern garnieren.

Mein Tipp:

Schweinefleischterrine

Die Schweinefleischterrine hält sich im Kühlschrank 1–2 Wochen. Sie ist nichts für Kalorienzähler!

(für eine 1,5-Liter-Form)

- **250 g durchwachsener Speck, fein gewürfelt**
- **Rapsöl zum Braten**
- **4 Schalotten**
- **2 Möhren**
- **4 Selleriestangen**
- **50 g getrocknete Steinpilze**
- **½ kg Hackfleisch vom Schwein**
- **125 g frische Weißbrotbrösel**
- **3 Eier**
- **3 Kaninchenkeulen à 250 g (in Würfel geschnitten)**
- **Salz und schwarzer Pfeffer aus der Mühle**
- **Lebkuchengewürz**
- **Muskat**
- **300 g Speck (in dünnen Scheiben)**
- **2 Lorbeerblätter**
- **25–30 schwarze Pfefferkörner**
- **300–400 g Schweineschmalz**

1. Speck in Rapsöl knusprig ausbraten. Schalotten abziehen und fein würfeln. Möhren waschen, schälen und ebenfalls in Würfel schneiden. Sellerie putzen, waschen und würfeln. Die Gemüsewürfel zum Speck geben und mit anbraten.

2. Steinpilze in 100 Milliliter heißem Wasser einweichen, mit dem Einweichwasser zugeben und einkochen lassen, bis keine Flüssigkeit mehr vorhanden ist.

3. Die Mischung in einer großen Schüssel mit dem Schweinehackfleisch, den Bröseln und den Eiern vermengen, das Kaninchenfleisch untermischen und die Masse mit Salz, Pfeffer, Lebkuchengewürz und Muskat kräftig abschmecken.

4. Eine Terrinenform leicht überlappend mit den Speckscheiben so auslegen, dass die Öffnung damit verschlossen werden kann. Die Fleischmasse glatt einfüllen, den Speck darüber zusammenschlagen. Mit Lorbeerblättern und Pfefferkörnern belegen.

5. Die Terrine in der Mitte des vorgeheizten Backofens bei 200 Grad 55–60 Minuten garen. In der Form erkalten lassen und vor dem Stürzen in heißes Wasser tauchen.

6. Den Speck rundherum entfernen, die Terrine in die gesäuberte Form zurücksetzen. Schmalz zerlassen und über die Terrine gießen. Im Kühlschrank erkalten lassen und zum Servieren in Scheiben schneiden.

Mein Tipp:

Gänse-Confit

Ein Rezept aus Frankreich: Confit hält sich im Kühlschrank 2–3 Monate und kann ganz schnell und auf unterschiedlichste Art serviert werden. Kalt gegessen schmeckt es sehr würzig, im eigenen Fett erhitzt, reicht man in Frankreich Kartoffeln dazu oder braune Speck-Linsen.

- **1 kg Gänsebrust oder -keulen**
- **grobes Salz**
- **1 TL Thymian**
- **2 Lorbeerblätter**
- **1–2 Knoblauchzehen (geschält und zerdrückt)**
- **400 g Gänseschmalz**

1. Fleisch waschen, trockentupfen und auf eine Platte legen, mit etwas Salz und Thymian bestreuen und 24 Stunden ziehen lassen.

2. Salz abspülen und das Fleisch trockentupfen. Fleisch in eine Kasserolle schichten, Lorbeer dazwischen legen, Knoblauch und Thymian darauf verteilen.

3. Schmalz erhitzen und die Fleischstücke damit gerade bedecken. Langsam zum Köcheln bringen und mit einem Fleischthermometer prüfen, dass die Fleischtemperatur konstant auf 105 Grad bleibt. Etwa 2–3 Stunden garen. Das Fleisch ist gar, wenn es sich leicht mit einer Nadel durchstechen lässt und der austretende Fleischsaft klar ist.

4. Fleisch in einen großen Steinguttopf schichten. Das Fett in der Kasserolle noch etwa 5 Minuten auf dem Herd lassen, damit die Garflüssigkeit verdampft. Dann das Fett durch ein Sieb über die Fleischstücke gießen. Das Fett muss das Fleisch unbedingt bedecken.

Mein Tipp:

Das gewisse Etwas

Eine Marinade ist in erster Linie eine Kurzkonservierungsform für Lebensmittel. Daneben erfüllt sie noch 2 weitere Aufgaben: Sie gibt Fleisch oder Fisch – je nach Marinade – einen besonderen Geschmack und macht es gleichzeitig weich und zart. Marinaden werden auch oft Beizen genannt. Für die Zubereitung von Marinaden benötigt man 3 Dinge: Öl, Säure (Essig, Wein, Bier, Sherry) und Gewürze oder Kräuter. Die Rezepte reichen für etwa 1 Kilogramm Fleisch.

Sherry-Marinade

Zutaten:
- **¼ l Öl, 2 EL Sherry**
- **1 Knoblauchzehe (geschält und zerdrückt)**
- **1 Zwiebel (geschält und klein geschnitten)**
- **1 TL Majoran, Pfeffer**

Alle Zutaten miteinander vermengen. Fleisch damit übergießen und zugedeckt im Kühlschrank mindestens 2 Stunden marinieren.

Rotwein-Marinade

Zutaten:
- **2 Knoblauchzehen (geschält und zerdrückt)**
- **6 EL Olivenöl, 4 EL Rotwein**
- **2 EL Zitronensaft, 1 EL Dijonsenf**
- **2 EL gehackte frische Petersilie**
- **1 TL Oregano, 1 TL Thymian**
- **1 TL Rosmarin, ½ TL Pfeffer**

Alle Zutaten miteinander vermengen. Fleisch damit übergießen und zugedeckt im Kühlschrank mindestens 2 Stunden marinieren.

Chinesische Marinade

Zutaten:
- **3 EL Honig, 2 EL Sojasoße**
- **2 EL Sesamöl**
- **1 EL Zitronensaft**
- **1 TL frisch geriebener Ingwer**
- **1 Knoblauchzehe (geschält und zerdrückt)**
- **1 EL Sesamsamen**

Alle Zutaten miteinander vermengen. Fleisch damit übergießen und zugedeckt im Kühlschrank mindestens 2 Stunden marinieren.

Orangen-Marinade

Zutaten:
- **1 Zwiebel (geschält und in Scheiben geschnitten)**
- **4 EL Öl, 4 EL Orangensaft (frisch gepresst)**
- **4 EL Ketchup, 2 EL Weinessig**
- **1 EL Worcestersoße**
- **1 Spritzer Tabasco**
- **½ TL Oregano**

Alle Zutaten miteinander vermengen. Fleisch damit übergießen und zugedeckt im Kühlschrank mindestens 2 Stunden marinieren.

Zuckern und Kandieren

Süße Verführungen für Gaumen und Augen

Zucker spielt bei der Haltbarmachung von Lebensmitteln eine grundlegende Rolle. Das Einkochen von Obst zu Konfitüre beispielsweise funktioniert ohne Zucker überhaupt nicht. Ganzes Obst lässt sich konservieren, indem man es mit einer Zuckerlösung übergießt. Doch auch Essig-Früchte, die in einem Sud aus einer gezuckerten Essiglösung liegen, halten einige Monate. Früchte in Alkohol benötigen ebenfalls Zucker. Eine besondere Form ist das Kandieren. Dieser Vorgang ist allerdings nichts für Eilige, denn der Prozess vollzieht sich in mehreren Etappen über insgesamt 5 Tage.

Darauf sollten Sie achten:

- Früchte und Blütenblätter zum Kandieren sollten immer von guter Qualität sein.
- Sauberkeit und Hygiene sind für ein gutes Gelingen die absolute Voraussetzung.
- Kandieren lassen sich frische und eingemachte Früchte, wobei frisches Obst, wie Äpfel oder Birnen, vorher blanchiert werden muss. Kernobst dagegen, wie Pflaumen, Pfirsiche, Aprikosen oder Mirabellen, müssen vorsichtig entkernt und dann mit einer Nadel eingestochen werden, damit der Zucker überall eindringen kann.
- Um die Zuckerlösung zum Kandieren herzustellen, benötigt man bei Früchten ohne Eigensaft 100 Milliliter Wasser und 60 Gramm Zucker, bei eingemachten Früchten mit Eigensaft kommen auf 100 Milliliter Saft 50 Gramm Zucker.

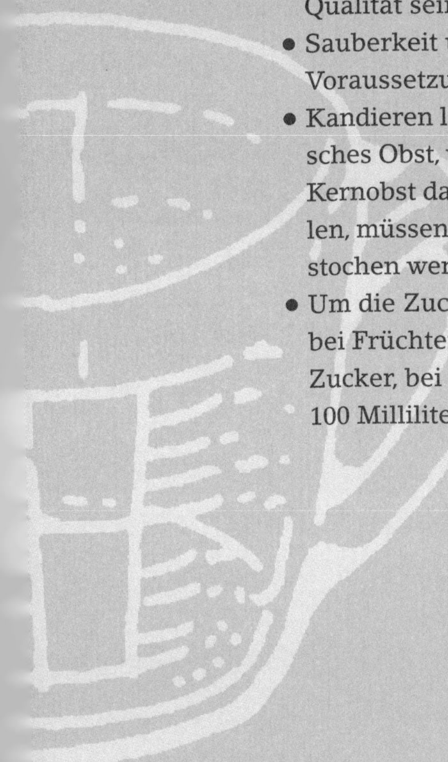

Früchte kandieren

Früchte zu kandieren ist zwar arbeitsaufwändig, aber man kann sicher sein, dass keine Zusatzstoffe wie Schwefel enthalten sind. Außerdem spart man Geld, denn kandierte Früchte sind teuer.

Zucker, Saft und Früchte nach Bedarf

1. Tag Zucker und Saft oder Wasser aufkochen und anschließend auf 20 Grad abkühlen. Früchte in ein Gefäß mit Deckel geben und mit der Zuckerlösung übergießen. 24 Stunden ziehen lassen.

2. Tag Früchte in einem Sieb abtropfen lassen. Pro 100 Gramm ursprünglicher Flüssigkeit gibt man nun weitere 20 Gramm Zucker zu. Ist man beispielsweise von 500 Milliliter Flüssigkeit ausgegangen, so benötigt man jetzt 5 mal 20 Gramm gleich 100 Gramm Zucker. Zucker und Saft lässt man gut aufkochen, anschließend auf 30 bis 40 Grad abkühlen. Die Früchte legt man wieder in das Gefäß, übergießt sie mit der lauwarmen Flüssigkeit und lässt sie wieder 24 Stunden stehen.

3. Tag Früchte wieder abtropfen lassen, wieder 20 Gramm Zucker zum Saft geben und gut aufkochen. Man wiederholt den gleichen Vorgang wie am 2. Tag, lässt die Flüssigkeit jedoch nur auf 80 Grad abkühlen, übergießt die Früchte und lässt sie wieder 24 Stunden stehen.

4. Tag Früchte erneut abtropfen lassen, wieder 20 Gramm Zucker zum Saft geben und gut aufkochen. Früchte mit der kochenden Flüssigkeit übergießen und wieder 24 Stunden abgedeckt stehen lassen.

5. Tag Man gibt letztmalig 20 Gramm Zucker zum Saft, erhitzt ihn, legt die Früchte hinein und kocht alles 30 Sekunden auf. Dann nimmt man die Früchte heraus und lässt sie auf einem Kuchengitter gründlich abtropfen, insgesamt 1 bis 2 Tage. Um die Trocknung abzukürzen, können die kandierten Früchte im Ofen bei 100–150 Grad etwa 10–15 Minuten bei leicht geöffneter Tür getrocknet werden.

Mein Tipp:

Duftende Zuckerblüten

1. Eiweiß in eine Schüssel geben, Salz und Blütenwasser vorsichtig unterrühren. Kurze Zeit ruhen lassen. Blüten mit einem weichen Pinsel innen und außen gleichmäßig mit der Eiweißmasse bestreichen. Reichlich feinen Zucker darüber streuen, ringsum bedecken.

2. Ein Backblech etwa 1 Zentimeter dick mit Zucker bestreuen, gezuckerte Blüten vorsichtig darauf legen, nochmals dick Zucker darüber streuen. Blüten an einem warmen luftigen Ort 1–2 Tage trocknen lassen. Die festen Blüten zwischen Papier legen und in einem luftdichten Behälter aufbewahren. So halten sie sich 3 Monate.

Mein Tipp:

1 Eiweiß

1 Prise Salz

einige Tropfen Rosen- und Orangenblütenwasser

Blüten wie Rosen, Veilchen, Stiefmütterchen, Apfel- oder Birnenblüten

feiner Zucker

Pergament- oder Wachspapier

Vanille-Aprikosen

Statt Vanilleschoten kann man Orangenschalen und Zimtstangen zugeben. Schmeckt auch mit Pflaumen oder Nektarinen.

1 Aprikosen kurz in kochendes Wasser tauchen, kalt abschrecken und die Haut abziehen. Aprikosen abkühlen lassen.

2. Zucker, Zitronensaft und Wasser in einen Topf geben und bei schwacher Hitze den Zucker auflösen. Kurz aufkochen lassen. Aprikosen in den Sirup legen und 10 Minuten darin pochieren. Anschließend Aprikosen in Gläser legen. Vanilleschote der Länge nach aufschlitzen und in jedes Glas eine Hälfte legen.

3. Sirup 5 Minuten kochen, dann über die Früchte gießen. Gläser fest verschließen. Hält sich an einem dunklen kühlen Ort einige Monate.

Die so eingelegten Früchte schmecken zum Dessert, lassen sich aber auch als Kuchenbelag verwenden.

Mein Tipp:

(für 2 Gläser à 500 ml)

700 g feste Aprikosen

60 g Zucker

60 ml frisch gepresster Zitronensaft

300 ml Wasser

1 Vanilleschote

Liebesäpfel

Vor allem Kinder lieben diese rot glasierten Äpfel, die es sonst nur auf Jahrmärkten oder Weihnachtsmärkten gibt.

(für 4 Äpfel)

- **4 säuerliche Äpfel**
- **4 Zahnstocher**
- **4 EL Zucker**
- **50 ml Wasser**
- **400 g Würfelzucker**
- **1 TL rote Lebensmittelfarbe**
- **1 TL Essig**

1. Äpfel waschen, abtrocknen und entstielen. Als Stielersatz einen Zahnstocher hineinstecken. Zucker auf einen Teller streuen.

2. Wasser in einen Topf geben, Würfelzucker, Lebensmittelfarbe und Essig zugeben und unterrühren. Die Lösung auf 150 Grad erhitzen. Den Topf sofort in eine Schüssel mit kaltem Wasser stellen.

3. Äpfel nacheinander in den Sirup tauchen und ganz damit überziehen. Äpfel mit den Holzstäbchen nach oben auf den Zucker legen und trocknen lassen.

Mein Tipp:

Rosenzucker

Rosenzucker ist eine Bereicherung der Küche. Verwendet werden sollten ungespritzte und voll geöffnete Blüten von stark duftenden Sorten, die am Vormittag geschnitten werden, wenn der Tau abgetrocknet ist.

- **100 g frische ungespritzte Rosenblätter**
- **100 g feiner Zucker**
- **2 Päckchen Vanillinzucker**

1. Ungewaschene Blütenblätter auf einem Tuch oder Küchenpapier im Schatten 2–3 Tage trocknen lassen.

2. Blütenblätter in einem Mörser fein zerstoßen, in eine Schüssel geben. Zucker und Vanillinzucker zugeben. Zur Aufbewahrung in ein fest verschließbares Glas füllen.

Schmeckt nicht nur vorzüglich, sondern sieht auch optisch wunderschön aus, wenn man den Rosenzucker mit einigen Rosenblättern garniert zum Tee serviert.

Mein Tipp:

Rezepte von A–Z

A

B

C/D

E

F/G

H/J

K

L/M

O

P/Q

R

S

T

V/W

Z